嶺南史料筆記叢刊

嶺南文庫

逸農筆記

［清］黃鴻藻 著
寇曉丹 點校

SPM 南方傳媒
廣東人民出版社
·廣州·

圖書在版編目（CIP）數據

逸農筆記／（清）黄鴻藻著；寇曉丹點校．—廣州：廣東人民出版社，2023.12
（嶺南史料筆記叢刊）
ISBN 978-7-218-17197-5

Ⅰ．①逸… Ⅱ．①黄… ②寇… Ⅲ．①筆記—中國—清代—選集 ②地方史—史料—廣東—清代 Ⅳ．①K249.066 ②K296.5

中國國家版本館 CIP 數據核字（2023）第 248498 號

Yinong Biji
逸農筆記
［清］黄鴻藻　著　寇曉丹　點校

出 版 人：肖風華

叢書編輯：夏素玲
責任編輯：饒栩元　謝　尚
責任校對：劉亦璿
責任技編：吴彦斌
封面題字：戴新偉
封面設計：Amber Design 琥珀視覺

出版發行：廣東人民出版社
地　　址：廣州市越秀區大沙頭四馬路 10 號（郵政編碼：510199）
電　　話：（020）85716809（總編室）
傳　　真：（020）83289585
網　　址：http://www.gdpph.com
印　　刷：恒美印務（廣州）有限公司
開　　本：889mm×1194mm　1/32
印　　張：6.625　**插　　頁**：1　**字　　數**：132 千
版　　次：2023 年 12 月第 1 版
印　　次：2023 年 12 月第 1 次印刷
定　　價：78.00 元

如發現印裝質量問題，影響閱讀，請與出版社（020-85716849）**聯繫調换。**
售書熱綫：（020）87716172

《嶺南史料筆記叢刊》凡例

一、“嶺南史料筆記”是與嶺南這一特定區域有關的筆記體著作，隨筆記録、不拘體例，是了解和研究嶺南地區歷史文化的珍貴資料，能補史之闕、糾史之偏、正史之訛。

二、《嶺南史料筆記叢刊》（以下簡稱《叢刊》）收録之“嶺南史料筆記”，包括歷史瑣聞類、民俗風物類、搜奇志異類、典章制度類，不收今人稱爲小説的單篇傳奇及傳奇集，包含嶺南籍人所撰史料筆記及描寫嶺南地域之史料筆記。

三、筆記創作時間以1912年以前爲主，兼收民國時期有價值的作品。

四、《叢刊》採用繁體横排的形式排版印刷。

五、整理方式以點校爲主，可作簡要注釋。

六、整理用字，凡涉及地名、人名、術語等專有名詞之俗字、生僻字，儘量改爲常見的繁體字；對一字異體也儘可能加以統一。每種圖書在不與叢書用字總則衝突的情況下，可根據實際情況而定。

七、凡脱、衍、訛、倒確有實據者，均作校勘，以注脚形式出校記。未有確據者，則數説並存；脱字未確者，以□代之。

八、《叢刊》避免濫注而務簡要，凡涉及嶺南地域特色之風物，可以注脚形式下注；爲外地人士所不明者，酌加注釋。

九、《叢刊》暫定收録一百多種，分爲若干册，每個品種單獨成册，體量小者可酌情結合成册。每册均有前言，介紹撰者、交代版本、評述筆記内容和價值；書後可附撰者傳記、年譜、軼事輯録、索引，及相關文獻資料。

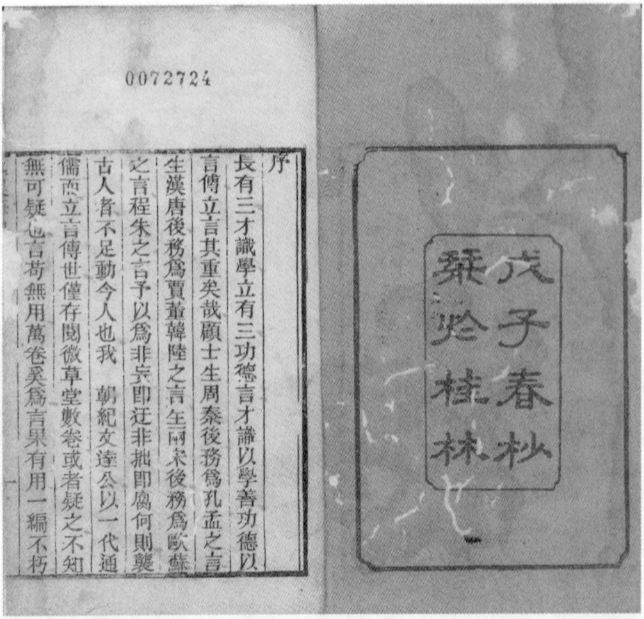
0072724
序
長有三才識學立有三功德言才識以學善功德以
言傳立言其重矣哉顧士生周秦後務爲孔孟之言
生漢唐後務爲賈董韓陸之言生兩宋後務爲歐蘇
之言程朱之言予以爲非宂即迂非拙即腐何則襲
古人者不足動今人也我　朝紀文達公以一代通
儒而立言傳世僅存閱微草堂數卷或者疑之不知
無可疑也言苟無用萬卷奚爲言果有用一編不朽
戊子春秋

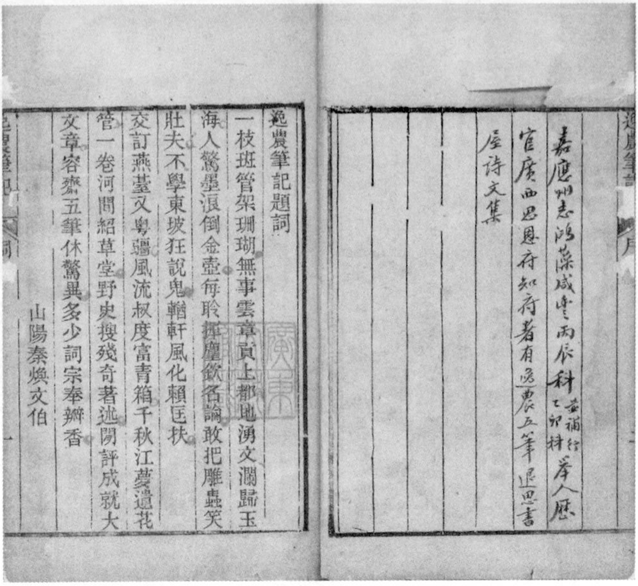
嘉應州志鴻藻咸豐丙辰科乙卯科舉人歷
官廣西思恩府知府著有逸農五筆退思書
屋詩文集
逸農筆記題詞
一枝斑管架珊瑚無事雲章貢上都地涌文瀾歸玉
海人驚墨浪倒金壺每聆揮麈欽名論敢把雕蟲笑
壯夫不學東坡狂說鬼輶軒風化賴匡扶
交訂燕臺又粵疆風流叔度富青箱千秋江夢遺花
管一卷河間紹草堂野史搜殘奇著述閒評成就大
文章容齋五筆休驚異多少詞宗奉瓣香
山陽秦煥文伯

《逸农筆記》書影

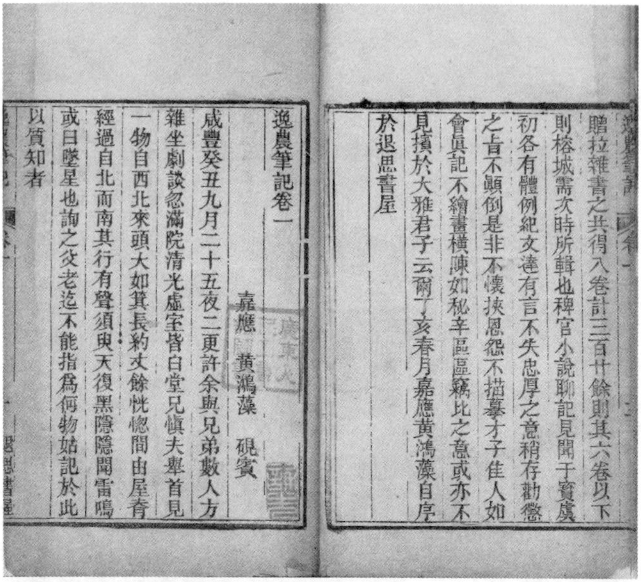

贈拉雜書之共得八卷計三百廿餘則其六卷以下則榕城需次時所輯也稗官小說聊記見聞于寶虞初各有體例紀文達有言不失忠厚之意稍存勸懲之旨不顛倒是非不懷挾恩怨不描摹才子佳人如會眞記不繪畫橫陳如秘辛區區竊比之意或亦不見擯於大雅君子云爾丁亥春月嘉應黃鴻藻自序於退思書屋

逸農筆記卷一

嘉應 黃鴻藻 硯賓

咸豐癸丑九月二十五夜二更許余與兄弟數人方雜坐劇談忽滿院清光虛室皆白堂兄愼夫舉首見一物自西北來頭大如箕長約丈餘恍惚間由屋脊經過自北而南其行有聲須臾天復黑隱隱聞雷鳴或日墜星也詢之父老迄不能指爲何物姑記於此以質知者

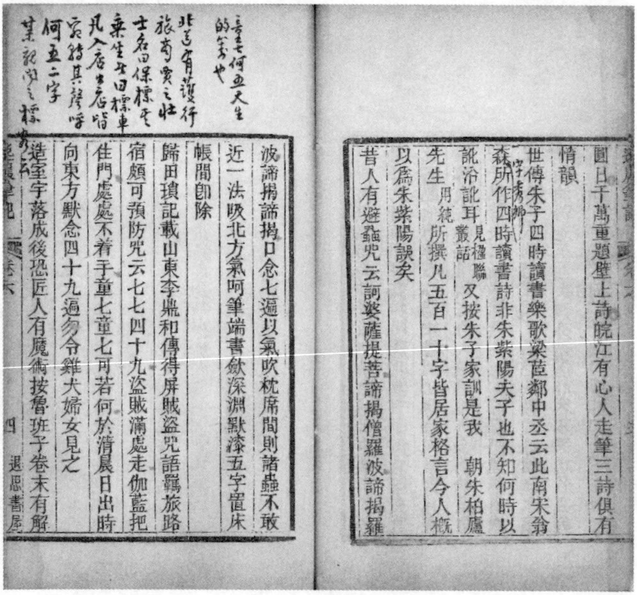

圖日千萬重題壁上詩皖江有心人走筆三詩俱有情韻

世傳朱子四時讀書樂歌梁茝鄰中丞云此南宋翁森（字秀卿）所作四時讀書詩非朱紫陽夫子也不知何時以訛沿訛耳（見楹聯叢話） 又按朱子家訓是我 朝朱柏廬先生（用純）所撰凡五百一十字皆居家格言今人槪以爲朱紫陽誤矣

昔人有避蝨咒云訶婆薩提菩諦揭僧羅波諦揭羅波諦揭諦揭口念七遍以氣吹枕席間則諸蝨不敢近一法呼北方氣呵筆端書欽深淵默漆五字置床帳間卽除

歸田瑣記載山東李鼎和傳得屏賊盜咒語羈旅路宿頗可預防咒云七七四十九盜賊滿處走伽藍把佳門處處不着手童七童七可若何於淸晨日出時向東方默念四十九遍勿令雞犬婦女見之

造室宇落成後恐匠人有魘術按魯班子卷末有解

《逸农筆記》書影

目　録

前　言

黃鴻藻（1828—1891），字硯賓，或作雁賓，號逸農，廣東嘉應州（今梅州市）人。晚清舉人，官廣西思恩府知府，著名外交家、政治家黃遵憲之父。

黃鴻藻世居嘉應城東的攀桂坊，他的先祖黃潤經營當鋪致富，黃潤第六子黃學詩亦勤於經營，家業隨之日增。黃學詩第六子黃際昇，幼隨諸兄讀書，善屬文，長因家中襄理乏人，故棄儒業商，《嘉應州志》稱他“性和易，處事練達”，曾在同治四年（1865）與其他鄉紳一起賑濟嘉應州災民，並向地方官提出設糧房於公堂側，以便貧民的建議，獲得了廣泛贊譽，是一位有治事智慧和社會責任感的開明鄉賢。

黃鴻藻是黃際昇長子，自小就異常聰穎，母親梁氏亦出於世承詩禮之家，雖然在黃鴻藻年僅十三歲時不幸離世，但黃鴻藻仍然得到了父親和祖母的悉心教導。尤其是祖母李氏郴姑，爲清代嘉應州第一個進士李象元的裔孫，對這個長孫十分疼愛，連帶曾長孫黄遵憲，在甫學語時“即教以歌詩”（黄遵憲《先妣吴夫人墓誌》）。這种詩書傳家的啟蒙教育，對黄氏子弟影響很深，黄遵憲記録幼年時鄉居生活“吾祖吾父率諸孫輩圍坐其下，嬉笑歡謔，時引述小説家言及鄉曲瑣事，刺刺不休”（同上）；黄鴻藻也記載道“憶幼時居鄉聞諸父老者，其中新奇之事，可驚可喜者亦復不少”（《逸農筆記·序》），這也爲他記敘鄉曲逸聞埋下了一顆種子。

年歲稍長，頗喜讀書的黄鴻藻“聞譽隆洽，聲儁一黌”，咸豐六年（1856）十八歲時即考中舉人。家中爲其輸資爲郎，於是他以主事分户部貴州司行走，開始了漫長的京居歲月。此時的黄鴻藻，家業鼎盛，無資斧之憂，“日與都中賢士大夫游，文酒之會，歡宴無虚日”。他交往的人士如鄧承修、鍾孟鴻、何如璋、龔易圖、秦焕等，都是學問淹洽之士，黄鴻藻也藉此極大地增長了見聞。他在《逸農筆記》序言中説：“京居多暇閒，與良朋作文酒之會。十餘年來，友朋所述，里巷所傳聞，不乏新奇之事。其中有因果報應，釐然不爽，且確而有徵者，尤令人可驚可喜。”這些逸聞軼事，也通過《筆記》一書被記録了下來。

不過，這種平静的生活還是被動蕩的時局所中斷，隨着家業的衰落，黄鴻藻不得不替人作保，分些印結費以供家用，但仍入不敷出。當時的潮人會館有延請鄉宦作董事保護商人之例，於是黄鴻藻又到天津、芝罘主潮人商業會館。科途蹇頓使他逐漸萌生了改任外官的念頭。黄鴻藻的友人何如璋一直對其長子黄遵憲青眼有加，光緒四年（1878），黄遵憲隨使日本，俸禄漸豐，父親黄鴻藻也得以改知府分發廣西，先後督辦南寧、梧州兩釐局之釐務。九年（1883），中法戰爭全面爆發，清軍接連失利。十一年（1885），廣西巡撫兼關外軍務督辦潘鼎新棄城而逃，法軍直驅鎮南關。危急關頭，署理廣西巡撫李秉衡力薦老將馮子材任主帥，拼死殺敵，取得了著名的鎮南關大捷，重擊法軍。這場戰役的軍需後勤工作自然交由粤西保障，此地向來貧瘠，南征的軍餉都輸與南、梧二局，正賴黄鴻藻苦心籌劃調撥，前方得以物資充足，没有貽誤戰機。他“深知時務”的“綜核才”得到了李秉衡的賞識，李上條陳舉薦，以越南善後事宜專屬之，後以勞績加三品銜，升用道，任思恩府知府。在此任上，黄鴻藻政績有二：

一爲重修陽明書院。明嘉靖間，王守仁總督兩廣軍務，在廣西大力興修書院。相傳陽明講學之所，正在思恩府城外東南兩江匯合處，多榕樹，名榕樹園。萬曆初年建成武緣縣陽明書院，後廢。道光間知府李彦章重建思恩府陽明書院，咸豐間又廢。黄鴻藻到任後，感慨書院久圮，主持將其修復，又通過巡撫向朝廷乞將陽明入祀典，並請御書扁額“教衍雲岩”四字懸挂院内。他刻陽明石像供奉院中，借其平苗猺的事迹宣傳“良知”學説，引導鄉人向學。在黄鴻藻離任後，他的畫像也被供奉於座側。其後此地名稱屢易，然始終是辦學之所，今爲武鳴縣府城高中。

二是鼓勵蠶桑。廣西土地貧瘠，物産不豐，巡撫馬丕瑶倡辦蠶桑，開設機坊。黄鴻藻對此非常積極地貫徹推行，他與士紳約定，以種桑多寡作爲考課獎懲的標準，又派人往當時規模較大的潮州購樹種廣泛種植。他時常微服巡行鄉野之中，與老農村婦談論天氣收成，官民同樂，氣氛融融。數月間，治下桑樹已蔚然成林。廣西蠶桑業大興，馬巡撫大喜，對僚屬誇贊道“以儒術飭吏治，黄太守之謂矣”，又手書柱銘“學道能精明世故，性天見涵養工夫”以贈黄鴻藻。《嘉應州志》也稱其“教養兼施，政聲卓著”，不爲過譽。

不幸的是，光緒十五年（1889），黄鴻藻第三子卒。十七年（1891），父黄際昇病逝，黄鴻藻丁憂歸鄉，在喪子與喪父的雙重打擊下，於是年冬感疾亦卒。原配吴氏，庶劉氏、吴氏。子五人：遵憲、遵謨、遵路、遵楷、君實，女二人。諸子均能承繼家風，或爲官從政，或以讀書爲業，其中成就最大的便是黄遵憲，因在日本、美國、英國、新加坡等地從事外交活動和從事維新變法運動而彪炳史册。黄鴻藻宦游北京時，黄遵憲亦多與京地人士往來，他的胸襟格局、文學興趣也有父親及其友朋的不少影響。

黄鴻藻爲官政聲卓著，不苛不濫，在廣西任官十年，逝世時，“餘囊不及三百金”，堪稱廉明清正。他性情平易近人，喜讀書鼓琴，又喜劇談。無論鄉居或游宦，往往賓朋滿座，高談闊論，語出詼諧又文采斐然。著有《逸農隨筆》、《二筆》、《三筆》、《四筆》、《五筆》、《思恩雜記》等，刊有《退思書屋詩文稿》若干卷藏於家，今均佚，見者則僅此《逸農筆記》。事見《（光緒）嘉應州志》（清光緒二十七年刻本）及黄遵憲《先考思恩公述略》（收入陳錚編《黄遵憲全集》第二編《文录》，中華書局 2005 年版）。张榕軒、张耀軒等辑《梅水詩傳》（清宣統三年刻本）中收録其詩作五十餘首，略可見其“詩清而興豪”（金武祥評語，見氏著《粟香隨筆》，清光緒十三年羊城刻本）。以上材料現附録於卷末，以備其遺。

《逸農筆記》（以下簡稱《筆記》）一書共八卷，三百二十餘篇，是黄鴻藻官桂林時所刻，自言仿紀昀《閱微草堂筆記》，記録歷年聽聞之奇聞異事及知好投贈詩文，雜綴成篇，以資勸誡。卷前有秦焕序及題詞，金武祥、顔嗣徽、華本松、陶壿題詞及黄氏《自序》，末有王悳琛跋。前五卷乃入都京居時所作，六卷以下成於需次桂林時。書前有“戊子春杪刊於桂林”，則是刻於清光緒十四年（1888）。本書所據底本藏於廣東省立中山圖書館，有佚名朱、墨筆批校，批校内容在此整理本中以脚注形式標出。原文中作者的雙行自注，現以小字列出。本書對於異體字一般改爲通用繁體字，原書經上下文推斷確屬誤字的，改訂本文，並以脚注形式説明。

是書内容較豐富，多記神仙鬼怪、方術靈異和因果報應故事，間有天文異象、自然景觀、奇效偏方，也頗有對名家詩文的品評、佚詩遺文的記録、科舉舊聞的記載、史傳内容的考證等，還有不少對地方風土民俗和傳聞古迹的記載，以下略舉幾類史料價值較突出者：

一、天文奇觀、山川津梁、名勝與物産等

如咸豐三年（1853）和九年（1859）的兩次球狀閃電：

"咸豐癸丑九月二十五夜二更許，余與兄弟數人方雜坐劇談，忽滿院清光，虚室皆白，堂兄慎夫舉首，見一物自西北來，頭大如箕，長約丈餘，恍惚間由屋脊經過，自北而南，其行有聲。須臾天復黑，隱隱聞雷鳴，或曰墜星也。詢之父老，迄不能指爲何物。姑記於此，以質知者。"（《筆記》卷一）

"堂弟良言：己未八月二十八夜，大雨，忽有電光自怡怡堂屋後先大父奉直公所築，今屬長二五房墻根穿入，長約二丈，就地盤旋，倏來倏去，令人不敢逼視。食頃，仍由墻穴穿過比屋從叔所居，忽霹靂一聲，壞門窗，破屋角而上。嗅之有硫磺氣，至今燒痕尚存。"（《筆記》卷一）

黄鴻藻伯父黄際昌官雲南，祖母李氏曾攜之就養，黄鴻藻因此見到了不少滇南風物，如永昌的燒棋之法、紋理宛肖山水人物的大理石、大理府終年積雪不消的點倉山，都被記入了《筆記》中。他到烟臺一帶主持會館，

又對登舟海市頗爲好奇，於是“詢之土人”，備録其如何倏忽變换、一一如繪……他也常結合自己在各地的見聞進行比較，如談京師、粵東、廣西與福建的笋：

“京師冬笋最難得，笋之佳者，以玉蘭片爲最，清笋次之。粵東冬笋最多，每斤價不過十餘錢，取其大者爲笋脯，或用蜜餞之。福建亦有之，粵東人呼爲閩笋，質粗而味亦遜。廣西有融笋，較閩笋稍勝。最下者以粵之酸笋爲極，而世竟有嗜爲異味者，可怪也！”（《筆記》卷六）

有時不滿足於單純記録，又結合文獻所載與實際情況進行考辨，如各地鑄錢幣值與單位：

“吾粵潮、嘉等處，所用錢皆鑄自日本、安南，錢質單薄，不知何時流入中國。平遠、長樂二縣，則與中國錢參用，或以銅錢九十五文抵日本安南錢一百。考《容齋隨筆》載：梁武帝時以鐵錢之故，商賈浸以姦詐自破。嶺以東，八十爲百，名曰東錢……民間所用，多寡益復不均。我朝咸豐間，鑄當五、當十、當五十、當百大錢，後又益以鐵錢，令民間每銅錢百參用鐵錢二十，卒窒礙難行。今京師市廛交易悉當十大錢，核之昔日所用銅錢，僅值兩文，名爲當十，其實不爾也。

漢以來金銀皆以斤計，如高祖賜陳平金十萬斤……蓋古時金銀價甚賤，故以斤計，後世金銀日貴，故不得不以兩計也。《陔餘叢考》。余少時抵滇南道，出貴州都勻府屬，聞輿夫私語曰：‘明日草履，動輒數兩矣。’疑其

妄語。次日過都勻府，始知其地所用錢皆以斤兩計也。用錢不論數目，但計分兩，尤奇。”（《筆記》卷三）

二、民俗風情

黄鴻藻北往南來，對各地民俗風情的記載也頗有興味，此類在本書中甚常見，如京師市賈之騙術詭詐不窮，天津民俗强悍、有以睚眦殺人而俯首就獄之事，冬日“消寒會”自宫中到民間都盛況非凡、爲南方少見。記載生動，妙趣横生。

書中記載廣東民俗尤夥，如惠州婚俗：

“惠俗娶親，親友賀喜後皆集青廬，謂之‘鬧房’。新婦入門，例不食，女家囑伴娘潛攜熟雞子十數枚，饑則令女食之……”（《筆記》卷二）

擲盃珓占卜之俗：

“今寺觀中，神前每設兩珓，村氓祀神者多擲之，以占吉兇。按此亦古法。韓退之詩云：‘手持盃珓導我擲，云此最吉餘難同。’程大昌《演繁露》：問卜於神，有器名盃珓，以兩蚌殼投空擲地，觀其俯仰，以斷休咎。……知此法相沿已久矣。又鷄骨卜，今蠻峒猶用之。蒙古人則用羊骨卜，燒而觀其坼兆，亦猶之蠻峒也。至烏什回部人，以所食桃杏擲地，視其縱横奇偶，以卜休咎，此又一法矣。”（《筆記》卷三）

潮州紅頭船信仰：

“潮州紅頭船，由海道運貨至上海、天津等處。相傳船皆有神，凡造船時，其家無論人畜死，即爲船神……潮人呼神爲船主，謂神之隱見係乎船之興廢云……”（《筆記》卷三）

嘉應州推崇讀書之風：

“吾州土瘠民貧，風俗勤儉，無貴賤皆讀書識字。村童入塾，每歲束修不過斗米千錢，往往年終束脯不清，則塾師質其物不肯還，傳爲笑柄。……”（《筆記》卷四）

潮州小鄉附庸於大鄉之風：

“潮俗因寡弱之族爲人所欺，每養他人子爲己子，此風潮陽爲最。富家大族有一二代而人口數百者。大族生子而殤，數年後嘗有他姓舉族來歸，願爲其後者。其小鄉附庸於大鄉者，往往易姓以求保其身家。習俗如此，不顧自亂其宗祧。此風亦天下所無也。”（《筆記》卷五）

廣州、嘉應州兒童賭蔗鬥柑鬥柿之戲：

“《廣東新語》載：廣州兒童有賭蔗鬥柑之戲，以刀自尾至首破之，不偏一黍，又一破直至蔗首者爲勝，柑以核多勝。吾州兒童亦有之，其法舉蔗投空中，用刀横截之，斷者爲勝。或將蔗横刀切未殊，各執一半，用力扯之，視蔗須長者勝。又以柿切之，各猜其核多少，中者爲勝，此又一戲法矣。”（《筆記》卷六）

這些内容在他處少見，具有突出的史料價值。

三、名人史話

黄鴻藻與各地文士往還，時或采得名士氣節、廉吏清風之類故事，也記入書中，以補正史之遺，如雷州陳瓆以清節與海瑞比肩，本書載其孝行逸事，富有傳奇色彩：

“吾粤雷州陳清端公瓆……《國朝先正事略》備載之。有逸事一則，今并録之：公寓海濱，家苦貧，饔飧不給。少讀書，刻苦自勵。太夫人至海岸取海蛤以佐飧。海邊有大風，每歲輒有因風墮海者，公以爲憂，力阻勿往，不聽，因不再食海蛤。太夫人仍時往取之。一日公自塾歸，聞鄰婦有取海蛤墮海者，公坐海濱痛哭竟日，蓋慮其母復蹈此也。自後海蛤徙他處，撈者無所得，亦不復往。太夫人歿後，海蛤始復還，人皆以爲孝感所致云。”（《筆記》卷五）

還記載了福山縣令宋作賓處理華夷糾紛數事，强項錚錚，刻畫生動，頗具史筆精神：

“……又海防舉辦之初，東撫丁中丞寶楨飭沿海州縣種樹海邊以自衛，鄰邑皆以爲難。公奉檄後，即召各鄉父老，令其因地植木。凡至百株者賞，積而至千萬株者，賞亦如增。不一月，民間踴躍從事，種樹逾數十萬株。公親歷巡視，召鄉民，温語獎之。先是，烟臺有空地，夷人以爲馬圈，每歲爲賽馬之會，歷有年矣。是時鄉人於其地種樹千株，夷人怒，領事移文關道，令拔之。公不可。領事率工數十人往拔，公亦率役數十人前往，至則號於衆曰：‘此樹官所植，拔一株者罪之。’領事徑前手拔樹，公怒目視之曰：‘此天朝地土，縣官所植，敢動一株者，吾必手刃之。’領事爲之退避。後大吏調停其事，始調公高唐。去任日，木盡拔。福山人聞縣令將去，各鄉立一旗，號召衆人曰：‘願留賢父母者隨此。’方是時，中丞丁公巡邊，將抵烟臺，未至，或告曰：‘鄉民有竪旗者，以千百爲群。’丁大驚。至則或五里十里，有父老攜婦女幼稚跪道旁，流涕哭失聲，詢之，則請留宋縣令也……嗚呼！古有强項令，若松友者，其庶幾乎！求之近世，尤所謂鐵中錚錚者也。”（《筆記》卷五）

對於不見正史記載之巾幗英雄，黄鴻藻亦不吝筆墨：

“福建漳州妓小紅橋者，能詩善畫，著有《小紅橋詩集》。七言如‘已從世上長辛苦，肯向人間浪笑顰’、‘半生自信骨不俗，一死其如情尚多’……適土寇猝入城……時紅橋仍在署，藏一室中。會黄昏時，紅橋暗藏利刃，一賊入，手刃之，一賊繼入，又刃之。賊疑不敢進，以火鎗向内擊中紅橋左手，暈絶卧地上，潛身門旁。賊入室，暗未覩紅橋。次早家人入，始負之出，與官眷偕，旋送出城。走近河，紅橋遽投水，因救得生。數日城復，紅橋竟無恙。嘗自繪一小像，服男裝，手握寶刀，英氣勃勃，時人多題咏之。不數年如孚卒，紅橋遂入空門，聞者皆爲惋惜云。咸豐初年事。”（《筆記》卷五）

四、佚詩遺文

嘉應盛産詩人，黄遵憲曾言“嘉、道之間，文物最盛，幾乎人人能爲詩”（《梅水詩傳集序》），黄氏子弟多能詩，人稱“一門風雅”，所交游之鄉達寓賢擅詩文者亦衆，黄鴻藻此書對詩文尤其留意搜遺補佚，如鎮平鍾孟鴻，以直諫著稱，長於書法，有《柳風館存稿》（已佚），《筆記》録其詩：

“鎮平鍾遇賓比部孟鴻工詩文……余嘗見其偶成二首云：‘達官動高寄，苦羡漁樵仙。詎知漁樵人，羡官更流涎。二者潔懷抱，似判愚與賢。其實出位思，均之無取焉。何況羡漁樵，尚非心中言。’‘生年不滿百，常懷千歲憂。生年若滿百，厥憂當萬秋。天公最仁愛，不忍見人愁。無計使少息，促之歸一坵。人能坦坦然，人天皆自由。’又《阿嬌怨》云：‘入宫雖早不如遲，遲者歡新早色衰。出身雖貴不如賤，貴者抗顔賤柔面。永巷年年盼輦塵，從來直道仗斯民。黄金不買無詞賦，天下憐才果幾人。’《婕妤怨》云：‘炎熱忽涼飔，懷袖已篋笥。生不合時宜，只合長棄置。昭陽日影羡飛烏，團扇之圓已破觚。頻頻拂拭齊紈素，未肯纖塵霜雪污。’《明妃怨》云：‘三十六宫春色帀，孰是名花孰敗葉。畫師負君王，君王不負妾。妾貌原非毛與西，畫師訝妾千金姿。求金正謂妾身重，妾自輕身將怨誰。’自注云：‘古今詩人喜擬此題，戲亦效顰，不必有所指托也。’可以想其懷

抱矣。”（《筆記》卷四）

有時在旅途中遇到題壁詩，黄鴻藻亦忍不住鈔録，如欒城粉墻的四首“情致纏綿”的詩歌、嘉應州和厦門關帝廟的《畫竹詩》、湯陰岳王廟壁間的十餘首“痛快淋漓、可驚可愕”的《題岳廟》，都是非常珍貴的記録。

能够反映文人氣節或雅趣的聯語也時時出現在《筆記》中，如明人鍾士楚爲梅州關帝廟所作楹聯“猶是落魄孤臣，冕旒擬帝，祝册稱天，恐亦非讀春秋本意；敢忘流離故主，劍白分霜，免紅貫日，期毋失討漢賊初心”，相傳宋湘贈門人池籥庭、戴篘帆聯“青眼於今看二子，黑頭應許到三公”，宋湘贈惠州太守伊墨卿聯“南海有人瞻北斗，東坡今日領西湖”，黄釗贈黄搢雍聯“官居南粤儒林長，人是東方曼倩流”，黄釗爲林則徐寫輓聯“節鉞南來，出處動關天下計；朝廷西顧，安危猶繫老臣心”等，黄鴻藻自己亦喜對語，仿朱彝尊戲集古人名可對者，“戲集古人爲對，并録之，以資一噱：郭子儀江公望、史萬歲張九齡、辛棄疾霍去病、孫白雞祁黄羊、曹弗興程不識、李仙鶴張野狐、周三畏田八能、直不疑何無忌、韓擒虎鄒應龍、任伯雨楊子雲、楊辟邪王鎮惡”，讀來妙趣横生。

《筆記》還記録了黄鴻藻等人的一些詩評詩論内容，如評王利亨詩“刻意經營，奇境獨闢”，舉“城堞陰流秦鬼淚，關旗黑閃漢兵魂”、“草間弓響呼鷹地，天際鈴聲放鴿風”等句，言皆“隨境抒寫，迥不猶人”，録文晟評其詩“養粹功深，當與宋芷灣湘、李繡子黼平相伯仲”，黄釗擬其詩“如顔平原書，力透紙背”，又謂其“以顔書作詩，即以顔書作畫，魄力自成一家”，體現出當時梅州詩壇的品味與趨向。

作爲開嘉應詩歌風氣之先的宋湘，自然也受到了許多關注，《筆記》録黄釗評其詩：

“家香鐵待詔釗《詩紉》云：‘宋芷灣先生以太白、東坡之胸次，運少陵、昌黎之氣魄，豪情逸思，横絶一代。’嘗爲余言：‘……芷翁大句如《聞曹懷璞鮑子堅縱酒慨然有贈》云“此才誕生勞大圜，併萬人力鑄一賢，若稍老之氣蒼然”，《馬折足》云“横行萬里此馬足，雄心少挫亦馬福”，此與少陵“當時四十萬匹馬，張公嘆其材盡下”一鼻孔流出。《雲南雲安寺茶花》云“花葉不到處，精焰猶交馳。才大有如此，獨立隘兩儀”，此與東坡“氣壓千畝槐”同胎孕於混元者。’……”（《筆記》卷七）

又録宋湘索觀張維屏所刻詩，自評道：“一唱三嘆，入人心脾，我不如子；哀樂無端，飛行絶迹，子不如我。”人物風流，躍然紙上。

黄鴻藻亦嘆服其“天才卓越”，但他對宋湘《詩話》中關於“不必作詩”、“不必不作詩”、“只要好”之論，也發表了自己的看法：

“往在京師，嘗與友人論詩，余謂朱竹垞、王漁洋皆一代才人，而世乃有‘朱貪多’、‘王要好’之譏，然則

‘要好’亦詩家所忌，陸放翁有句云‘詩到無人愛處工’，此語似更進一籌也。”（《筆記》卷七）

黄鴻藻詩集雖佚，但這些記録與思考，也可使人想見其詩風與格調。

五、官員遷擢故實、科舉掌故等

對於本朝特殊的官員遷擢，《筆記》亦有關注，如卷三載“漢人由提督遷總督者”，舉趙良棟趙弘燮父子、梁鼐、岳鍾琪、楊遇春、楊岳斌諸人；又“漢官由文職改武員者”，舉彭玉麟由文生從軍任水師提督、補兵部侍郎事，及魏源《聖武記》所載劉清薦擢藩司而自請改曹州總兵事等。

科舉是《筆記》最關注的内容之一，如卷二舉本朝欽賜舉人一體殿試事，計有同治二年（1863）翁曾源，康熙四十一年（1702）至四十二年（1703）汪灝、何焯等，咸豐二年（1852）潘祖蔭數者。又舉順治朝滿榜三甲情形，自滿榜停後，滿蒙鼎甲者惟有崇綺，爲同治四年（1865）狀元，感慨“曠世希逢”。又對一門幾進士的故實頗爲推崇，如舉彭定求爲會狀、弟彭寧求探花、孫彭啟豐會狀的“祖孫濟美”事，翁同龢翁曾源叔侄先後大魁天下事。再如卷八引《鶴徵録》、《鶴徵後録》内容，考康熙十八年（1679）博學鴻詞科徵士人數，舉《松窗筆乘》、《在京記》等同載之“一百八十六人”，指出《愚山年譜》、《竹垞年譜》所記人數舛誤。又結合禮部題奏，分列各等授官情形，繼考乾隆元年（1736）博學鴻詞科薦舉及與試人數，列《李穆堂類藁》、《道古堂文集》、《藤陰雜記》、《敬堂隨筆》、《小倉山房集》等所舉與試人數，各等人員及已入詞館不與試、未試丁憂等情況人數，記試題及補試題策問。這些内容對考證相關史實也有一定的參考價值。

需要指出的是，《筆記》中還有大量的仙妖神怪、輪回果報故事，與《閱微草堂筆記》等書可謂一脈相承。這固然反映了當時的風氣，與其“道聽途説”的故事來源有關，或者説，黄鴻藻的創作目的正是借這種輪回報應故事“稍存勸懲”，又或因其屢次會試不售，而對扶乩、鬼神報應等内容更加心存敬畏，但這些迷信思想畢竟讓其筆下史實的真實性打了折扣。不過，黄鴻藻對於動輒將反常事物歸於休咎的思想，也時常有反思，比如蘆席草放光、雞牛多足等事件，僅録其異，不以爲妖；又對一些過於迂腐的愚孝思想有所批判，反映出清末文人在思想上的矛盾性。

總的來説，黄鴻藻的《逸農筆記》一書内容豐富駁雜，記叙崇尚平實，議論兼附考辯，雖然在思想上不免有宣揚封建道德和迷信思想的色彩，但在記録當時各地物産古迹、民俗風情、名人史話、科舉掌故，以及保存佚詩遺文等方面，均有值得發掘的史料價值，可供研究者參考。

序[1]

長有三，才、識、學；立有三，功、德、言。才、識以學善，功、德以言傳，立言其重矣哉！顧士生周秦後，務爲孔孟之言；生漢唐後，務爲賈董韓陸之言；生兩宋後，務爲歐蘇之言、程朱之言，予以爲非妄即迂，非拙即腐。何則？襲古人者，不足動今人也。我朝紀文達公，以一代通儒，而立言傳世，僅存《閱微草堂》數卷。或者疑之，不知無可疑也。言苟無用，萬卷奚爲？言果有用，一編不朽。同年黄硯賓太守，舊與供職農部，同事黔司，近復同官桂林，上下二十餘年。詩天酒地，月夕花晨，每聆麈論，奇氣飛揚。兹出其手著《筆記》八卷，受而讀之，可箴可銘，亦驚亦喜。妙在不爲子虛，

① 此刻本篇末有佚名批注："《嘉應州志》：鴻藻咸豐丙辰科（並補行乙卯科）舉人，歷官廣西思恩府知府。著有《逸農五筆》、《退思書屋詩文集》。"本書下同，批注皆爲此刻本所有。

人多意中人，事悉眼前事，而一經妙手寫生，如登五嶽忘其高，如泛滄海忘其大，如行山陰道上忘其曲折，如游方丈蓬壺嫏嬛福地忘其爲仙界。筆足以感人，言足以醒世。自序云心好紀氏《筆記》，誠哉其好之也！蓋文之爲體既肖，實作文者之用心本同，遂使讀文者之頑廉懦立亦無少異。昔人評文達小説，謂爲典則之言，我於《逸農筆記》亦云，則謂嘉應黄氏繼河間紀氏而起也亦無不可。

光緒丁亥季春之月年愚弟山陽秦焕拜題於榕城八桂堂

逸農筆記題詞

一枝斑管架珊瑚，無事雲章貢上都。地涌文瀾歸玉海，人驚墨浪倒金壺。每聆揮麈欽名論，敢把雕蟲笑壯夫。不學東坡狂說鬼，輶軒風化賴匡扶。

交訂燕臺又粵疆，風流叔度富青箱。千秋江夢遺花管，一卷河間紹草堂。野史搜殘奇著述，閒評成就大文章。《容齋五筆》休驚異，多少詞宗奉瓣香。

山陽秦煥文伯

列宿郎官擅雅才，一麾出守又南來。兩京新記《虞衡志》，都與先生妙剪裁。

叔度汪汪千頃波，高譚快聽口懸河。更欣斑管搜羅富，要看容齋著述多。

稗乘紛紛賦《子虛》，《齊諧》《鬼董》陋鈔胥。最難勸戒關風雅，接武河間五種書。

雛鳳清於老鳳聲，已看才筆冠群英。令似今歲游庠，場作爲一時冠。輶軒更有如椽筆，遍採奇聞海外行。長公子公度觀察先以孝廉奉使出洋，著有《日本紀事詩》。

江陰金武祥溎生

浮沈執戟總君恩，大隱朝中混冕軒。太守先官農曹，托名“逸農”，以寄吏隱之意。曼倩滑稽饒諷勸，十年待詔在金門。

一麾出守廣南西，三管雲烟任抹批。搜續河間書五種，此書大意倣紀文達公《閱微草堂筆記》。當頭棒[①]喝指津迷。

公子翩翩出使回，三韓雜咏進蘭臺。長公子公度觀察出使東洋，有《日本雜詩》曾進總署。若翁老學菴頭筆，冠絶君家著作才。

才名金粟仿容齋，巴曲曾經摘句佳。江陰金溎生同轉《粟香筆記》曾采望眉詩句。筆底餘波譚藝事，何妨曹鄶厠編排。

貴筑顔嗣徽義宣

---

① 棒，原訛作“捧”。

天與生花筆一枝，蘭臺石室並探奇。南來更續《虞衡志》，三管風騷賴主持。

意存法戒語詼諧，信手拈來體自佳。識得苦心成妙用，前惟方朔後容齋。

郎君出使舊乘槎，長君公度著有《日本紀事詩》。太守班春未放衙。且趁官閒勤著述，一門風雅本專家。

記曾促膝可思亭，今夏識君於龍州，其東郭新搆可思亭，尚堪游覽。塵海茫茫眼孰青。珍重一編堪問世，投荒我獨笑勞形。

無錫華本松伯喬

嶺外攜琴鶴，閒情寄《説郛》。乾坤多變態，紀載得通儒。夢裏生花筆，胸中記事珠。燃犀如可照，鬼蜮敢枝梧。海國論兵勢，掀髯酒一瓢。舊聞增日下，新語續熙朝。楚澤靈妃瑟，秦樓少女簫。馨香傳軼事，《説苑》許聯鑣。

貴筑陶壿紫庭

筆記自序

余少讀紀文達《閱微草堂筆記》，心竊好之。壯歲計偕入都，旋供職農曹。京居多暇閒，與良朋作文酒之會。十餘年來，友朋所述，里巷所傳聞，不乏新奇之事。其中有因果報應，釐然不爽，且確而有徵者，尤令人可驚可喜。憶幼時居鄉聞諸父老者，其中新奇之事，可驚可喜者亦復不少。欲仿《灤陽消夏録》、《槐西雜志》等書之例，雜綴成篇，兼資勸戒。歲月已寬，知好復多投贈，拉雜書之，共得八卷，計三百廿餘則。其六卷以下，則榕城需次時所輯也。稗官小説，聊記見聞。干[①]寶、虞初，各有體例。紀文達有言：不失忠厚之意，稍存勸懲之旨，不顛倒是非，不懷挾恩怨，不描摹才子佳人如《會真記》，不繪畫橫陳如《秘辛》。區區竊比之意，或亦不見擯於大雅君子云爾。

丁亥春月嘉應黄鴻藻自序於退思書屋

---

① 干，原訛作“于”。

卷　一

咸豐癸丑九月二十五夜二更許，余與兄弟數人方雜坐劇談，忽滿院清光，虚室皆白，堂兄慎夫舉首，見一物自西北來，頭大如箕，長約丈餘，恍惚間由屋脊經過，自北而南，其行有聲。須臾天復黑，隱隱聞雷鳴，或曰墜星也。詢之父老，迄不能指爲何物。姑記於此，以質知者。

按岳亦齋《程史》①：開禧丙寅二月，日方中②，忽覺天半砰鍧有聲甚厲。矯首正見一星南墜，曳尾如帚，逶迤久之始滅，相與嘆異。未幾而兵釁開。嘉定己巳五月，里居，暝色將至，一僮忽卬而驚噱，視之，亦一星，小如前所見，而色紺青，尾焰熛熛，自南徂北，行頗迅，亦隱隱鳴於空中。後兵禍糾結，數年不解。則所墜之方蓋有妖焉。是年吾州土匪兩次蠢動，明年甲寅有長樂之變，乙卯有錫坑之役，戊午、己未，世變日多，則前史所紀良不誣已。

---

① 《程史》，即《桯史》。

② 中，《桯史》原文作“申”。

吾州李湘賓丈，初名龍孫，後夢李鏗載登榜，遂改今名。咸豐辛亥竟領鄉薦。又梁次屏先生，初名維翰，庚子鄉試前，夢本科解元爲梁今榮，欲易名，不果。榜發，竟然。次科復夢梁通德登榜，遂易名，後竟無驗。人有定乎？名有定乎？吾不得而知之矣。

堂弟良言：己未八月二十八夜，大雨，忽有電光自怡怡堂屋後先大父奉直公所築，今屬長二五房墻根穿入，長約二丈，就地盤旋，倏來倏去，令人不敢逼視。食頃，仍由墻穴穿過比屋從叔所居，忽霹靂一聲，壞門窗，破屋角而上。嗅之有硫磺氣，至今燒痕尚存。

咸豐己未，廣西孝廉陸炳坤偕一友出京。數日，友適病，因獨行，抵直隸某縣。次日五鼓，甫離城二十里許，孝廉夢中忽聞格鬥聲。起視，則其僕爲車夫所殺。欲走避，車夫遽用刀連斫，傷重暈絶。車夫徑載行李遠颺。孝廉旋遇救得醒，因詣縣報明。詢車夫，即鄰縣人，遂移文緝之。車夫潛回家，挾貲豪賭，爲縣擒治，數日將杖責釋放矣。會移文至，即將賊解縣。對簿時尚能言，縣令嚴鞫得實，案遂定。比車夫伏法日，而孝廉死矣。此可見天網恢恢，疏而不漏。向使此賊非因案羈囚，安知其不遠遁？縱逾時獲賊，而孝廉已不及見矣，亦巧矣哉！

侯俊民農部嗣章言：家有蘭花神，每扶乩即至。或問休咎，亦多驗者。偶一日召乩，久之始至。問："神來何遲？"書曰："吾奉上帝命，將于役粵西。"問："粵西何事？"書曰："赤眉、黄巾，又將見矣。"問："何時能平？"書曰："是有劫數，不能定也。"時明年庚戌大比，俊民將北行，問："此科得中否？"書曰："須待三年。"再問，即書曰："君勉之，吾亦從此逝矣。"次年庚戌，粵西土寇作亂，流毒遍天下。越癸丑，俊民捷南宫，竟如其言。今蘭花尚在，花神寂然矣。

楚北石竹生孝廉潤金，余同年友也。戊午遇諸汴梁，因結伴北行。己未春闈報罷，旋與余同考試教習。竹生謂余曰："予若得教習，其覺羅官學乎？"詢之，微哂而已。榜發，竟如言。因爲余言："乃祖悦亭侍御時榘曾教習覺羅，其先德毅齋先生建灼亦官覺羅教習。祖孫父子，若衣鉢之相傳。"然亦一奇矣。

梅州松源某甲，其子幼隨鄉人賈於臺灣，歲久無耗。甲素爲不法，與妻設客寓於路，殺人謀財，無所不至。一日傍晚，有客至。甲見其囊槖富，潛與妻謀殺之，奪其所有。數日，有鄉人自臺歸者，抵其家，問訊其子。甲以日久未歸對。鄉人詫曰："是與吾同歸，抵家日僅相距二十里耳。"甲疑其誑己。語未竟，出茶具供客。客熟視曰："此非某所攜回茶具乎？何言未歸耶？"甲婦聞語，忽大哭曰："殺吾子矣！"蓋所得茶具，即前所殺客之物也。嗟乎！若某甲者，殺人子亦多矣，卒至自殺其子，彼蒼之報施，固若是其昭昭乎！咸豐庚申年事。

劉鏡雲言：道光壬寅間，偕弟純吾、族叔篁初，應童試畢回里。天將晚，至邑之新鋪墟時，月色朦朧，忽冷氣逼人，見兒童無數，用砂石亂擊。心知爲鬼，狂叫始散去。詢之篁初、純吾，所見則一爲穿藍衫人，一爲穿短衣人。同一遇鬼，而所見各不同，亦足異矣。

偶閱梁敬叔《勸戒近録》所記：乾隆朝有閩人林于川司鐸寧德，爲某生所誣。太守全某受某生洋銀五百，卒鍛鍊成獄。林遣戍烏魯木齊。逾年而太守亦以罪遣戍，林適以恩赦释回，戒行日而全抵境，林具手版問起居，並呈一詩云："五百花邊亦小哉，忍將名教掃塵埃。好還天道君知否？我正歸時君却來。"全閲之，慚沮無地。按南宋賈似道貶循州，至泉州洛陽橋，遇葉李自彰州放還。見于客邸，李賦詞贈之云："余歸路，君來路，天理昭昭胡不悟？公田關會竟何如，子細思量真自誤！雷州户，厓州户，人生會有相逢處。客中邂逅欠蒸羊，聊贈一篇長短句。"似道俯首謝之。觀此則天道好還，信乎不謬！然必使狹路相逢，豈造物故示其神耶？抑會逢其適耶？嘻！是則未可知矣。

河南李覲廷農部祖光言：河南南陽屈大令楚才，由甲榜分發直隸。咸豐辛酉正月，在省垣需次。忽夢皂衣數人，請赴廣西縣任，並視事日期。屈自計輪委未到，詰之，皂衣者曰："履城隍任耳。"遂與訂期。醒後自述，疑爲夢幻，届期竟卒。

族叔笏山先生搢雍爲廣州學博，爲人慷爽，尤喜詼諧。嘗自鐫一印，曰"學而第一"廣州學署門有扁曰"嶺南第一儒林"。家香鐵待詔釗贈以聯云："官居南粵儒林長，人是東方曼倩流。"笏山掀髯笑曰："香鐵知我！"

曾雅香水部伯壎言：惠州有鄉民，死二日復醒，自云至一宫殿，狀若世間衙署，有對云："黑黑昏昏地，明明白白天。"他無所見。

雲南簡南坪宗杰官户部主事，因病誤服麻黄，旋卒。卒後覺神魂飄蕩至一處，見殿宇森嚴，有鬼卒用鐵索套之，置殿中東廊下而去。因思不知何罪至此，突見素識之葉仲方守矩比部由外入，隨托其查詢，諾而入。旋又見吴思澄比部養原由外入，亦所素識，復托之，亦諾而入。逾二時許，忽有自内出者，其人紗帽皂袍，若世所傳判官狀。問簡何人，何事到此，簡以官户部對，其人曰："是吾同署也。"又問何司，答以廣東司，則又曰："是同司也。"簡詢其姓，曰"路"。問何以同司未識面，曰："余久不在署矣。"因懇其查明。有頃出曰："誤矣！是拘湖北軍功簡某。"因代去鐵索，令回家。簡不知路，遂引出門。行數武，有馬棚。路推之，一跌而醒。霍然起，遂無恙。旋探吴、葉二人陰曹相遇事，皆不知。詢路公，名璋，向在廣東司者，死已二年。未幾，葉病卒，吴亦卒。此事南坪對人言之鑿鑿云。同治甲子二月事。

林文忠公則徐功業爛然，爲當世所欽仰。道光庚戌，值粵西寇變，詔公督師往。比至潮州普寧縣屬，殁於旅館。家香鐵待詔有輓聯云："節鉞南來，出處動關天下計；朝廷西顧，安危猶繫老臣心。"人服其確切。

閩省西湖，歲久淤塞。舊有宋丞相李忠定公祠，日漸傾圮。林文忠公在籍時，謂西湖水利可溉田萬頃，倡義修之，並新祠宇。自獻一聯云："進退一身關廟社，英靈千古鎮湖山。"又因忠定所居，名爲"桂齋"，補以舊額。公殁後，鄉人即肖像祀公於桂齋。按公一生大節，與忠定後先輝映，俎豆千秋，良無愧色。

吴秋坪農部永智言：族祖植之明經奕槐，道光丁未卒於家。其夜鄰人聞鑼聲、皂隸叱喝聲，初疑爲官抵鄉，次日詢問非是。後伊家中扶乩，植之降壇，自言死後爲歸善縣城隍。嗣詢歸善，即於其時修城隍廟，改塑神像然。則書籍所傳人死爲神者，良不誣已。

又言：湖北松滋王篆卿茂才夢齡，每數日輒晝卧不醒，自言在陰曹爲十殿閻羅，人多不信。一日忽語人云“今日江陵有逆倫案，陰律甚嚴”云云。遲數日，探江陵，果有婦害其姑者。篆卿嘗云：“家有老母幼子，當向陰曹乞卸此任。”但聞同事者云“須自作表章乞假，方可離任”，因作表焚之。自是遂不復赴陰曹矣。其人今尚在云。

嘉道間河南藩司栗公毓美嘗自云：少時聘妻某氏，貌甚美。未成室，外舅某招至書館伴讀。同學者妻弟也。又有比鄰某乙亦同館讀書。乙素聞栗妻美，謀奪之。忽一日，托詞回家。是晚有盜踰墻入，殺其妻弟，次日始覺。岳家疑爲栗所殺，鳴之官。論抵，繫獄中。逾數月，某乙托媒聘女爲妻。娶半年矣，夫婦亦相得。會某乙醉後，備述前事，女始知殺弟者即某乙也。次日詭言歸寧，詣縣署鳴冤。官拘乙至，一訊而服。女即自剄。栗始得釋罪。後由科目爲令，薦升藩司。感女之德，立木主祀之，所至常攜至署云。李觀廷言。

又云：直隸宣化屬有鄉民出外貿易，每半月一歸家。其婦與富室某甲素有姦，會鄉民月餘不歸，甲一日至婦家，婦偶談及，甲曰：“而夫不歸矣。”婦駭問故。甲言：“某日吾遇爾夫於山麓，其下有崖甚險，吾推之下，已死矣。”婦聞，次日鳴於官。拘甲至尋崖下，果有骸骨一具，已朽不可識。傍有破衣一片，與鄉民素著服色亦同。即置甲於獄，論抵。案定，逾半年，而鄉民突自外歸。詢其故，始知貿易遇病，不能歸也。甲前所云戲言耳。惟[1]骸骨不知何由而至，適與甲言相合。若非其夫早歸，則甲且含冤莫訴矣。噫！

梅州城北文昌祠，頗著靈異。己未燬於兵火。幼聞楊霞軒先生時舉屢赴鄉闈不第，會屆鄉試，黎明往禱於祠。有同窗某知之，匿神座後，呼楊名者再。先生以爲預兆，遂赴試，是年果領鄉薦。返家言及前事，友笑白其僞。先生曰："此諸君爲鬼神所弄耳。"按茹古香先生棻將赴禮闈，門人假奎星跳舞窗外，是年北上，果大魁，與此事正復相類。

蕭西山言：族叔某嘗夜歸，過卜氏祠，見一人倚門立，面目不甚可辨。就視之，薄如紙，若人家所貼門神狀。狂奔而返，病數月始愈云。

符梅修大令鼎庸從弟紹堂，辛亥房師也。爲粵東曲江令，以遲誤文報奪秩罷官。後人傳其閨怨詩四首云："寂寞房櫳思悄然，薄寒如水暝如烟。分無好夢傳飛燕，信有癡魂托杜鵑。鏡面芙蓉成往日，陌頭楊柳又今年。茶

① 原文漫漶，據上下文當爲"惟"。

[清]譚宗浚　著　李霞　點校

定價：68.00元

《荔村隨筆（外三種）》收録了清末官員譚宗浚之兩種筆記、兩種日記，分别爲《止庵筆語》《荔村隨筆》《于滇日記》《旋粤日記》。譚宗浚少承家學，聰敏强記，頗有才氣。他被稱爲清末嶺南著名詩人、學者、收藏家、書法家、美食家等，好詩賦，工詩文，熟于掌故，也好著述，著有多種著作。由于其興趣尤廣，喜藏書，又有功名爲官，經歷和學識俱佳，因此其所著的幾種筆記，可讀性强，掌故豐富，記録了其求學、生活、著述等隨筆内容，既可見其才情，也可見晚清嶺南的風物人情。

“譚家菜”之父譚宗浚的心語結集，
呈現清末的官場與世態、士風與人情。

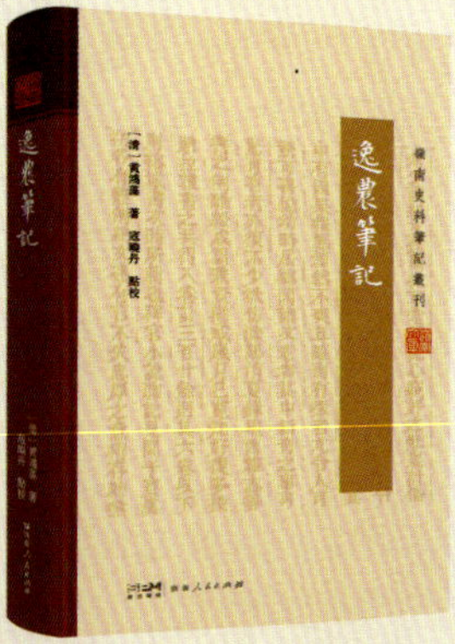

[清]黄鴻藻　著　寇曉丹　點校

定價：78.00元

《逸農筆記》爲黄遵憲之父黄鴻藻所作的一部筆記，記載歷年聽聞的奇聞异事及至交好友投贈的詩文，雜綴成篇，以資勸誡。黄鴻藻在多地爲官，又性喜交談，常與友朋作“文酒之會”，藉此增廣了見聞，所歷聞逸事也通過本書記載了下來。全書共八卷，前五卷爲游宦居京時所作，六至八卷成于爲官桂林時。本書内容豐富駁雜，記叙崇尚平實，議論兼附考辯，記録了黄氏涉足過的京師、天津、福建、廣東、廣西等地的物産古迹、民俗風情、傳説志異、名人史話、鄉賢詩文以及官員遷擢、科舉掌故，頗具史料價值。

著名外交家黄遵憲之父黄鴻藻的僅存遺作，
一部嶺南人撰寫的《閱微草堂筆記》。

[清]俞思穆　著　倪俊明　點校

定價：68.00元

《粵行藂錄》爲清代“紹興師爺”俞思穆的日記體筆記，是清同治四年正月至光緒五年十月間，作者到廣州學海堂、粵華書院課考，及隨后游幕廣州、肇慶、欽州、合浦、廉州等地的所見所聞。俞氏擅長詩文，書中載其詩文及對陳恭尹、梁佩蘭、張維屏等名家的評介；俞氏在粵西時間較長，也多次寓居廣州，所記當地自然物産、社會風貌、文人逸事，可補近代史事和地方志之缺略，可資瞭解嶺南風物之參考；俞氏對港澳的觀察，對美國萬國博覽會、德國“騷體詩”的記録，對中越邊境匪患的介紹，也為讀者管窺清末知識份子對外部世界的認知和中外衝突的態度提供一扇窗。

“紹興師爺”俞思穆游幕廣東之日記，
窺見晚清社會轉型時期的中外互動。

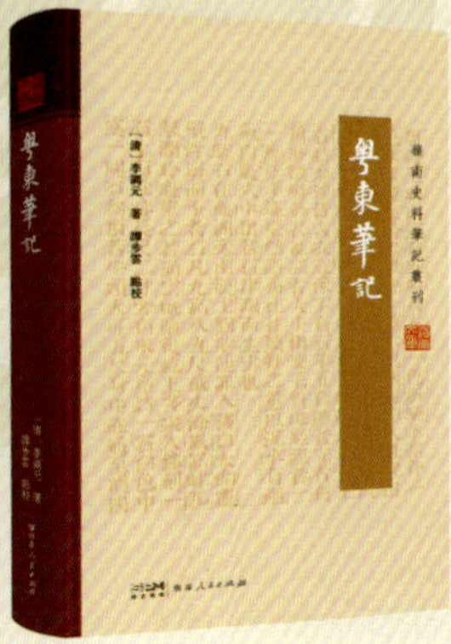

[清]李調元　著　譚步雲　點校

定價：98.00元

《粵東筆記》是清代寓粵官員、藏書家李調元輯撰的作品。卷首有羊城八景全圖，每圖均有詳細說明。全書十六卷，分別記録廣東的風土人情、節令集會、山川神祇、少數族群、鳥獸蟲魚、草木花果、糖茶雜物等，内容廣泛，還收錄了方言土語、山歌謠曲、節令習俗、物産奇珍等，在廣東民間文學、民俗學界都有一定影響。本書由李調元居粵時遍歷廣東，輶軒采訪，博采衆書而輯成，在保存嶺南地方史料的同時，體現了外地官員對當地文化的審辨，具有獨特的文獻價值。

一個清代寓粵官員在廣東的“采風”集，
一部遍歷都邑、搜羅文獻、走訪百姓寫就之嶺南風物大觀。

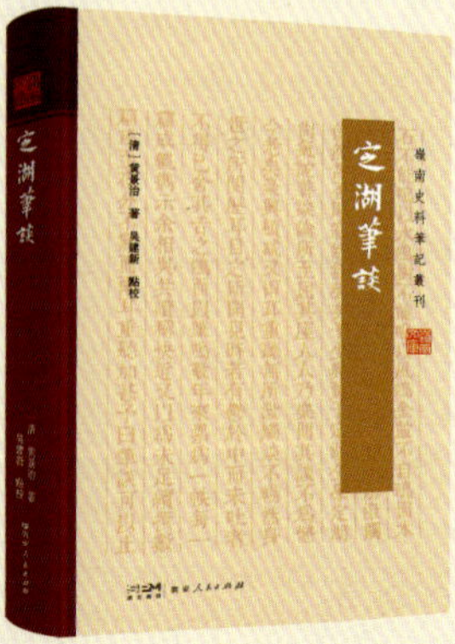

[清]黃景治　著　吴建新　點校

定價：68 .00元

《定湖筆談》是清中期文人、書法家黄景治以身世之所閲歷、耳目之所聞見積累而成的筆記體著作。他見聞廣又善談，常與士大夫交游，晚年失聰，于是有心將昔日見聞所思寫成書，每寫一條就與朋友共讀，頗有以筆頭文字替代言語交談之意。書中内容廣博，範圍涉及醫藥、風水、神鬼、花鳥蟲魚、山石園囿等方方面面，意在寄托情思，勸誡人心，以正風俗教化。此書也涉及衆多黄氏聞見的人物故事，上至官吏下至百工，不乏戲謔詼談的文辭，頗有《莊子》寓言的風格。本書還得到當時名家謝蘭生、吴應逵等衆人爲序，謝蘭生高度評價了集中文章"當于人心"，"時賢争以先睹爲快"，可見本筆記之價值。

清代文人黄景治的百聞戲言録，
清代時賢爭求先睹爲快的南粵文人"朋友圈"合集。

鄔慶時　著　胡文輝　點校

定價：88 .00元

《南村草堂筆記（外四種）》收録了近代嶺南文史學者鄔慶時四種筆記：《南村草堂筆記》《聽雨樓隨筆》《窮忙小記》《東齋雜誌》，以及由點校者所編的《鄔慶時談往四種》，另附録收入鄔氏之《白桃花館雜憶》，主要爲鄔氏懷念亡女之事。鄔慶時學識淵博，著述甚多，長期從事地方史志工作，他在詩歌、歷史、散文等方面都有大量研究和創作。他平生最痛恨文字之獄，著書立説，一絲不苟，認爲"一時疏忽，千古疑傳"，所以他寫的文章都很重視材料的真實。本書收録之五種筆記，皆可見其記録和論學、著述之嚴謹，于文學、史學研究頗有史料價值。

搜羅嶺南文史學者鄔慶時學術識見之片光零羽，
呈現民國嶺南不爲人知的文史掌故。

餘飯後都無著，第一難禁是酒邊。”“記得星軺度曉關，幾行環珮響珊珊。迎來月殿神仙侶，擁出霓裳侍從班。垂手客依金鎖闥，比肩人訂玉連環。誰知翠繞珠圍地，早種愁根到此間。”“宛轉相隨日未多，忽教佳會阻銀河。離天莫比媧皇石，苦海平添伍相波。從此因緣歸夢蝶，可堪謡諑起修娥。嫁衣典盡琴猶在，不許君前緩緩歌。”“一例明眸皓齒身，果誰巧笑果誰顰。妍媸是否無成見，恩怨分明有夙因。紅豆聽殘鄰院曲，碧蕭閒煞倚樓人。年華我亦甘虚擲，辜負朱門大好春。”怨而不怒，頗得風人之旨。後旋里，至曲江，得狂疾，赴水死。

滇南作棋子，以永昌爲第一，蓋水土之别云。燒棋之法，以黑鉛七十斤、紫英石三十斤、淨硝百二十斤爲一料，計得棋子三十副，費工本三十六七兩。其色以白如蛋青、黑如鴉青者爲上。滇人爲余言。

郭小袁太守超凡幼患目疾，後遵袁了凡功過格，行之數年，目復明，遂改今名。嘗述大墨硯孝廉一事云：孝廉貴州人，忘其名。祖傳大墨硯一方。先是鄉試時，孝廉夢其祖父謂曰：“持我大硯去，今科可獲中也。”入場時攜帶大硯，試籃甚重，搜檢吏疑其夾帶，檢硯出，實無他物。場中遂哄傳狂生攜大硯事。比出試題，次日尚未成篇，自謂夢無憑矣。有同舍生偶過之，見大硯，驚詢之，遂與縱談。忽隔號一生誤入同舍生號中，抽卷書其文，旋知其誤，遽遁去。生談畢歸號，見試卷爲人塗抹，駭極，自念卷必被貼，遂不復謄真，即以文稿贈大硯者。是科竟獲中，人呼爲大硯孝廉云。此事真僞未可知，據所云，孝廉祖父當有陰德，天故以是報之也。邱翰臣晉昕言。

咸豐戊午，吾州松源鄉之亂。有邱甲者，初充壯丁，往剿賊。兵敗被擒，賊驅赴山間。斬之時近昏黑，甫舉刀著頸，尸即撲地。賊疑其未死，連斫，皆著辮頂，遂委之而去。血流暈絶，二更許復醒，見身傍尸，忽悟被殺事。幸繩已鬆斷，遂起遁。暮夜抵山中温姓家時倡亂爲王、何二姓，叩門乞救。主人詢，爲被難者，憐之，食以粥，復覓藥代敷刀創。後逃出，醫半月，得不死。時余與中表兄張稼孫在松口親見之，創痕甚深。詢其情狀，曰："臨刑時心如死灰，惟念家有老母，今無人侍奉，將成餓殍，忽酸楚不可言狀耳。"余謂死生故自有命，然邱甲有此一念，其不死也固宜。

《香祖筆記》云："張景山一石，中有月形，石色紫而月白，月中有桂樹，其文墨[1]，枝葉老勁，雖工畫者不能爲。"雲南大理石，有紋作山水人物，一一宛肖，亦有畫工所不到者。土人取石飾爲屏，大者徑丈許，或數尺

---

① 墨，《香祖筆記》諸本卷十二作"黑"。

不等。間或作硯席間玩器，皆可觀。余少時在滇，曾見之。東坡詩云“刻畫始信天有工”，良不誣也。

雲南大理府城西有點蒼山，高千餘仞，盤亘三百餘里。山間積雪，周年不消。余在滇時曾歷其地。時在仲夏之月，彌望蒼翠，間瓊瑶點綴，良可觀也。土人取竹筐從山上負雪歸，用紅糖酸梅同食之，城市間羅列極多。雪凍至夏不消，亦理之不可解者。按楊升菴《雲南山志》載：麗江府有雪山，一名玉龍山，山巔積雪，經春不消云云。遇滇人當再詢之。

吾州楊訒菴廉使仲與爲諸生時，因案縶獄，手一卷，晝夜誦讀不衰。牧伯某習聞之，是年值大比，因謂楊曰：“汝獄中猶刻苦如此，可謂有志之士。余釋汝囚，往應試，倘成名，當爲汝脱罪，否，則仍歸就獄，何如？”楊曰：“諾。”遂攜一僮往試。畢，戒僮曰：“吾受牧伯恩，得預試。若榜發不第，當仰藥死耳，無顏再見牧伯也。”是科竟領鄉薦，聯捷成進士。作令有政聲，後陳臬湖北。按此則愛才之心、知人之識，此牧伯兼而有之，惜日久忘其姓名也。乾隆年間事。

鄧鐵香比部承修言：粤東徐孝廉性至孝。其太翁作宦有政聲，曾爲湖南耒陽令，後膺保薦需次浙江，歿於杭州。徐聞父歿，哀毁不欲生，屢自盡，家人沮之。一日忽用刀自宫，幾死，醫數月始愈。夫古人有刲肉醫親、捨身代父者，謂其猶有濟也。腐刑自甘，殊非不敢毁傷之義，然其事雖愚，其志可憫矣。

福建仙游縣有九仙者，相傳漢時何氏兄弟九人，白日飛升，故以九仙名。山上有道觀，塑九仙像，祈夢甚靈。吾州每歲有閩人自仙游來者，云代人祈夢，開姓名及八字付之。數月後交回一紙，僅數字，頗有應驗。幼時聞李惕齋太史象元祈問終身，得“壽止靈濟”四字，不知所謂。後年七十餘，有造橋落成者，請太史赴宴，詢之則名“靈濟橋”也，是夕歸卒。又先王父樸泉公占終身，曰“壽比文王”。後年九十七而終，此與《竇子紀聞》所載“汝子功名在何處”及“福清、福寧”之類，均可稱靈驗矣。

凡衣帛爲漆所涴，以麻油先漬透，令漆去盡，即以水膠鎔開，少著水，令濃，以洗麻油，頃刻可盡。蓋膠性與油相著，即如米泔、桐油亦然。若白衣爲油污，石膏火煆，研細糁污處，以重物壓，過夜則如初。無石膏，以新石灰代之亦可。

大埔張琯生孝廉振南，道光己亥中副車，次年館某鄉。一日有客至，饋食物二事，意甚恭。張訝之，客曰：“君非張先生名某者耶?”對曰：“然。”客曰：“吾昨夢本科吾鄉張君獲中，遍詢之，始知爲先生也。願自愛，他日毋相忘。”張察其意誠，良自喜。是科鄉試，場前偶爲人捉刀，榜發竟下第，懊喪而歸，謂妖夢無憑矣。其太翁聞其事，謂之曰：“兒命當中，恐因捉刀事，罰遲一紀，未可知也。”咸豐壬子始領鄉薦，計期恰一紀。瑄生曾爲余縷述之，並舉前事爲戒云。

咸豐甲寅，長樂土匪孔阿幅等滋事。縣令榮公桂被戕，城遂陷。旋分撲興寧縣城。縣西門外有浮橋，爲興長孔道，過橋有小樓，俗祀關帝。賊衆二三千人，直馳城下。至樓前，忽火藥發，燒斃數賊，遂狂竄。時遍地皆呼殺賊。有一童子，年十三四，持刀出，遇賊數人。童子驚呼，賊棄械乞命，童子遽用刀連斫之，餘賊遁去。是役也，計殺賊二千餘人，棄尸蔽江下，賊之精鋭略盡。不一月而長樂收復，渠魁授首。謂非神力不至此也。先伯父奇峰先生，爲雲南刺史，任嵩明州知州。中年頗好道，亦少疾病。嘗自言：“靜坐閉目，每見天上金闕銀樓。”罷官後仍寓滇省，年六十矣。一日偶對客，談論間覺神思恍惚，歸内寢，倦卧榻上。忽蹶然起，合掌端坐，鼻垂玉筯尺餘而逝。

鎮平某鄉徐姓，家素饒，有女自幼許字東山鄉邱甲。後邱家日貧，甲年十歲，傭工於外，數年無耗。徐姓惡其貧，遂揚言甲死，竟悔婚，以女另配他姓。越二年，甲歸，貧不能自給，從人學製衣。聞女事，無如何也。會徐姓將嫁女，召人作嫁衣。甲初不知即女家也，偕伴數人抵其家，同伴私語之，甲聞言，懊喪至極。一日女出，姿色殊佳，同伴謂甲曰：“此即汝妻也。”甲聞遂大哭。女屢目之，私使人問其故，甲直陳前事。女哭曰：“此父母誤我也，然我終不負君。君歸掃室廬待我，我必至。”遂問里居住址甚悉。嫁之前日，女語父母曰：“女本邱氏婦，聞邱尚在，今將歸之。”父母怒甚，痛斥之。是夜失女所在。比明，娶者至，遍索女不得，探之則昨夜已抵邱家矣。後女生二子，家無儋石，處若固然，今其人尚在云。

道光丁未戊申間，粵省學署前演劇，兩旁篛篷火發，燒斃男婦千餘人，踐踏擠擁死者無算。火未發時，先一夕，學署守門者夢穿紅袍者無數，詣署門外，頗訝之。又是日有攜五六歲小兒往看劇，小兒忽掩面哭，作畏懼狀，問之，曰“見官役甚多，手執鐵索，隨紅衣人往來其間”，疑其目眩，然啼哭不止，遂攜歸，竟免於難。又姻戚林某，是日偶在書坊遇一友，約往某處，適由其地，甫入，火發，竟及。觀此則數皆前定，良不誣已。

又表兄張梅叔云：是時學署門子有一弟，偕居署中。門子夜夢其弟爲吏役鎖拿，恐有他虞，扃諸室，不令出。及火發，方合室欣幸。弟好吸烟，叩窗乞火，家人以洋人麻姑烟遞之，一吸而絶。此可見在劫難逃，無所用其趨避也。

紀文達《筆記》有善訟者，爲人書訟牒，欲静坐搆思，乃戒毋通賓客，並妻亦避居别室。妻先與鄰子目成，窺伺歲餘，無由一近，至是乃得間焉。後每搆思，妻輒嘈雜以亂之，必叱使避出，襲爲例。鄰子乘間而來，亦襲爲例。終其身不敗。殁後，以私孕爲怨家所訐官，鞫外遇之由，乃吐實，此可謂巧矣。吾州某鄉某乙，素强悍，其孀嘗有外姦，乙潛蒸焉。乙妻亦有姿首，諸惡少窺伺已久，畏乙强悍，雖目成，未得間也。後知乙與孀姦，潛賂其孀，使與乙會，乙妻遂與諸惡少通焉。自是襲爲例，乙不知也。乙後死於己未之亂，此事與前相類，而報復之捷，如影隨形，吁！可畏哉！

乾隆朝大埔楊公纘緒，文坡孝廉之曾祖也。官按察時，會秋審犯，中有姦婦謀殺親夫一案，審問已歸情實矣，見犯婦有慚沮羞澀狀，疑其不類冶蕩者。下堂時，婦忽趦趄不前。伍伯促之，竟蹲踞地上。詢之，則所著下衣將脱也。因訝曰："此婦廉耻未泯，案得毋冤乎？"復審，果然，竟爲脱獄。悚然曰："按察爲治獄官，此案不誤，保他日之不誤乎？"遂引疾歸。文坡言。

鍾雲扶言仲鵬見捕魚鳥者，一心專注其人，默念放生咒，以多爲貴，其人便終日無所得。其咒曰："南無多寶如來，南無寶勝如來，南無廣博身如來，南無妙色身如來，南無離怖畏如來，南無甘露王如來，南無阿彌陀如來。"《槐西雜志》載：孫某善鳥銃，所擊無不中，適一人能誦放生咒，與約曰："我誦咒三遍，爾百擊不中也。"試之，果然。後屢試之，無不驗。然其詞鄙俚可笑，不識何以能禁制，或即此類耶？

吾州温麟史茂才世楨，道光戊申童試時，夢中先見試題，既而果然，遂獲雋。又長樂陳肇楷比部模，辛酉拔萃，夢試題爲"子謂韶"一節，比試日不驗，是科得與選拔。次年朝考，乃此節題文也。表兄張梅叔云：順德黄伯垂編修統庚戌春闈前夢試題爲"所謂誠其意者"二句，及就試，果符所夢，因獲雋。其弟郝存廉訪經嘗舉以告人云。余案漁洋山人中式順治八年辛卯舉人，先是，夢神告闈中題乃"子曰：惟仁者能好人，能惡人"，經題乃"維清緝熙，文王之典"。及入闈，首題果如所夢，經題則"聖敬日躋"，是年獲中。及明年壬辰會試，經題即"維清緝熙"二句。是科漁洋下第，而其兄登進士。神所告乃兄弟二人鄉試首尾二題也。試題何以能入夢？同一入夢，或當時驗，或遲之而驗，甚且驗之兄弟，果題目亦有定數耶？抑彼蒼偶露其端倪耶？

道光癸卯甲辰間，吾州城南之樹湖，忽有蘆席草放光。此草可爲席，因以是名。時演劇賽神，衆目共覩。或曰：

“物反常爲妖，草無故放光，必有咎徵。”後亦無他異。《閲微草堂筆記》有“雞卵入夜放光”一則，謂腐草之爲螢，以層陰積雨，陽氣蒸而化爲蟲。塞北之夜亮木，以冰谷雪巖，陽氣聚而附於木。此草之有光，殆亦陽氣之所聚歟？又云“《酉陽雜俎》稱嶺南毒菌夜有光，殺人至速。蓋瘴癘所鍾，以温熱發爲陽焰”。此草或偶然沴癘之氣所聚，如毒菌有光之類，亦未可知。此自無關休咎也。

卷　二

輪回之説，儒者多以爲無，然稗官小説傳聞甚夥，如《説略》所載，不可枚舉。忠臣義士，歷劫不磨，謂爲再生，應無不可。此外持齋守戒之僧，堅苦卓絶，道行過人者，凡心一動，遂罹世網，亦往往轉世，現宰官身。康熙間，史及超少宗伯前身爲僧，大成戎通參上德前身亦僧，通參之父嘗施齋供，與之善。後僧化去，戎翁夢僧入其室，而通參以是日生。事載《香祖筆記》。近世如長洲相國，前身亦爲某山僧，少時猶記憶前事，漸長漸忘，後竟懵然矣。其集中詩句有“前生割愛抛爺孃，今生孤露堪悲傷”之語。又吾州楊訒菴廉訪，舊傳其前身爲東山寺火宅僧，太翁楊公嘗周濟之。後僧病甚，楊翁夢僧入室，而生廉訪，左掌勾弋不伸，往寺驗之，僧卒竈前左手尚握鐵鉗也，伸之，兒指遂伸。楊翁爲具棺斂埋之，後由甲榜爲令，薦升湖北按察使。

鄧鐵香言：惠州有鄉民廖甲者，年二十餘，膂力絶倫。家貧，惟一母一弟，傭耕自給。嘗貸粟於其鄰，鄰人曰："聞子力健，倉中粟惟所取攜，視子力能負幾何耳。"廖曰："諾。"遂一人負粟數石歸。偶一日，其母攜幼弟出耕，忽田中有卧虎突前，攫其幼弟去，母驚呼。廖聞，奮臂趍田間，虎見廖來，緩步走。廖恐其傷弟也，亦緩步躡其後，虎若弗知也者。行半里許，抵一大石橋，虎置其弟於道旁，徐嗅之。廖突出虎前，疾挈其幼弟，置身後。虎怒目視，狀欲搏噬。廖大呼，怒眦欲裂。虎俯首徑去。廖攜弟歸，竟無恙。或曰："廖有卞莊之勇，使當時奮力與虎鬥，不可爲鄉里除一害乎？"余曰："此正廖之善於養勇也。當躡步逐虎時，幼弟已入虎口，使狂呼直前，則弟爲虎吞噬矣。或虎見其來甚猛，疾走入山，弟亦不能生還也。投鼠者忌器，廖不與虎鬥，吾正於此多廖之智也。彼鹵妄滅裂者，又烏乎知之？"

同治癸亥恩科狀元翁曾源，常熟相國之孫，祖庚中丞同書子也。先是修撰，由監生欽賜舉人。壬戌[①]，相國卒，上震悼，加恩，賜曾源一體殿試，次年臚唱弟一，天下莫不榮之。案康熙壬午，上召江南舉人查慎行、錢名世，長洲監生何焯，休寧監生汪灝於南書房，屢試詩及制舉文，特賜焯、灝舉人，一體會試。次年癸未，特

① 戌，原訛作"戍"。

賜江南舉人汪灝、何焯、蔣廷錫三人，與本科會試中式舉人王式丹等一體殿試。是科狀元王式丹，江南人；榜眼趙晉，福建人；探花錢名世，江南人。選汪灝等四十九人爲庶吉士，與鼎甲三人同入館讀書。是欽賜舉人一體殿試，得庶常者，前代已有之，但非鼎甲耳。又咸豐壬子，潘伯寅副憲祖蔭則由欽賜舉人中式進士，臚唱第三人，前此亦未有也。同治乙丑科狀元崇綺，蒙古正藍旗人；榜眼于建章，廣西人；探花楊霽，漢軍正紅旗人。考國朝順治九年壬辰會試，分滿、漢爲二榜，蒙古入滿洲榜，漢軍入漢人榜，及第授職修撰、編修，俱與漢榜同。是科滿、漢會試中式五十人。殿試賜進士及第，一甲一名麻勒吉，正黄旗人，授修撰；二名折庫納，三名巴海，俱鑲藍旗人，授編修。二甲楊宫等七人，三甲賽花等三十人，各賜進士出身、同出身有差，選庶吉士賽花等九人。漢榜一甲一名，無錫鄒忠倚。乙未科滿榜亦取五十人，一甲一名爲圖爾宸，正白旗人。自後滿榜仍停止，與蒙古俱漢榜合爲一，百餘年惟滿洲麟尚書魁、靈侍郎桂由傳臚出身，此外無聞焉。是科鼎甲，竟居其二，亦曠世希逢者也。

鎮平某甲，娶婦某氏。甲出外，日久無耗，訛傳已死，婦已改嫁某鄰矣。逾數月，甲歸，念改嫁出於父母，無如何也。一日僞作乞丐，抵某家，將伺隙見婦，一道衷曲。會其後夫外出，甲見婦，謀擕以逃，婦不欲，劫之，不從，甲怒，殺之，自鳴於官。或曰："此婦改嫁，不貞；不從故夫逃，不義，是直無結縭情，殺之宜也。"或曰："改嫁雖負故夫，然事由父母，不得專罪此婦也。若從故夫逃，是嫁而有二心，不更負後夫乎？殺之已甚。"紀文達《筆記》有"夫外出而婦改嫁者，前夫潛至娶婦家，伺隙一見，竟攜以逃。歲餘緝獲，以爲非姦，則已別嫁；以爲姦，則本其故夫，官無律可引"云云。此事雖異而實同，迄不知後來如何判斷也。道光朝事。

《楹聯叢話》載或題戲臺後一聯云："凡事莫當前，看戲何如聽？戲好爲人須顧後，上臺終有下臺時。"吾州有神廟戲臺聯云："忠佞[①]貞淫，未上臺時，先定了幾分脚色；愛憎取舍，當屬目下，尚依然三代人心。"又城隍廟戲臺聯云："窮通當下總無憑，且請放開眼界；善惡到頭終有報，務須立定脚根。"則幾於格言矣。

《熙朝新語》載：昔人記恩詩云"君恩獨被臣家渥，十二年中兩狀元"，當世以爲榮。案康熙中彭勤止定求丙辰會狀，弟寧求壬戌[②]探花，孫啟豐後八年復登會狀，祖孫濟美，爲吴中盛事。又咸豐丙辰狀元翁同龢，常熟相

① 佞，原訛作"倿"。
② 戌，原訛作"戍"。

國子也。越癸亥，相國之孫曾源復大魁天下，先後僅八年，科名之榮，一時無兩。

梅州東門外有關帝廟，建於前明，有楹聯云：“猶是落魄孤臣，冕旒擬帝，祝册稱天，恐亦非讀春秋本意；敢忘流離故主，劍白分霜，免[1]紅貫日，期毋失討漢賊初心。”明季州人鍾士楚先生所撰。相傳初作此聯時，夢帝君語之曰：“對此令我不安，幸勿勒石。”鍾不聽，竟勒之。今柱上猶刻此聯。又南門内有石牌坊，巍然高大，頗覺壯觀，明季兵馬司指揮楊侯所建。坊與城隍廟神座相對，聞建此坊時所費不貲，夢城隍神阻之，不聽。楊無子，神令廟前馬王托生，後其子日與無賴飲博，家貲蕩盡，卒凍餒而死，論者謂神降之罰。此事雖屬荒誕，然亦足爲可已而不已者戒也。

康熙間鎮平林孝廉孔煥初膺鄉薦，年少氣盛，謂掇科第如拾芥，而久困春闈。偶托人詣九里湖占夢即前所記仙游九仙廟，得“與觀清同中”五字，不解其故，遍詢邑中知名士，亦無其人。數年後，遇縣試，客寓中見一童子，年十三四，英偉不凡，詢之，曰：“黄姓，名觀清，初應童子試耳。”林大驚，致款曲而别。及黄秋闈報捷，林欣然

---

① “免”殊不可解，疑當作“白”，《史記·魯仲連鄒陽列傳》有“白虹貫日”。

偕同北上，是科二人竟同榜。黄後由縣令行取觀政刑部，林爲某邑令。此與明人嚴學思夢與麥而炫同榜、本朝劉克猷先生夢神告以朱之弼做房考方中春榜，同爲夢兆之異，且同識之於童子之時，卒之無一不驗，謂非數皆前定乎？

陳魯堂學博其藻云：興寧涼溪鄉郭某，以織屨爲業。生平多善舉，年老無子。歿後轉生於光華縣，稍長，仿佛記憶前世事。曾飭人至涼溪訪其家，則故婦猶在，遂迎歸養之。後讀書成進士，膺顯宦，家門亦昌大云。又云：向見粤東連州河西堡地方，農人耘田，俱跪雙足，胼胝之艱，不可言狀，他處所未有也。因憶吾州王壽山太史有憫農詩云："捧盂欣粘匙，覆盂歌鼓腹。問兒何爲歌，今年有餘粟。去年水無泉，牛尋枯草牧。問人人囁嚅，驅牛牛觳觫。草盡牛猶餒，抱牛向日哭。昔時吞下淚，今日吐下粥。冷淚與熱粥，點點尚相續。"寫盡田家辛苦，非親歷者不知也。

范洵卿言：向在直隸欒城署中，有同幕某甲，刑錢友也。偶署中扶乩，適吕仙至，衆問休咎，一一答之。後至甲乩，判曰："此君作孽太重，不速改，禍在即矣。"甲大慚，因自陳曰："平生不敢枉法，何事作孽？"仙判曰："汝尚辯耶？明日當知之。"次日復扶乩，甲似聞呼冤者無數，比仙至，則已昏暈不省矣。衆爲哀求，仙判曰："渠但改業，或可免也。"衆代矢，始稍醒。即日解館，乃無恙。居久之，主人復延入幕，則仍復昏暈。急出署，始如故。歲餘，窘迫不堪。或勸其理故業，甫得一館，病復發，不敢往。後遂教讀終身，亦無他故。觀此則今之高居蓮幕者，其亦知所警省也夫！

吾州關帝廟有畫竹勒石壁間，相傳昔年扶乩，帝君自畫者。竹葉皆生動有致，略似隸書，細察之，成廿字云："不謝東君意，丹青獨立名。莫嫌孤葉淡，終久不凋零。"余謂當係好事者爲之。

鍾遇賓比部孟鴻言其鄉有某媪，數日輒閉門熟睡，人皆謂其走無常。或詢陰曹事，不肯言，再三詢之，曰："不過賞善罰惡耳。"一日對人曰"牛犬切不可食"，又"借債無不還之理"，此或有所見而云然也。

陳香鼎通守汝梅言：向在家，縣試時住親串某姓宅，同寓有數人。一夜，見一人，形如皂隸，徑入寢室。怪詢之，不言。手持一紙索，觀之，中有姓名，半多識者，不解何故，遽叱之。倏然不見，驚爲鬼魅。次日遂移他宅，後其親串家竟死數人。

又言：其鄉有陳存誠者，娶妻，孕廿四月始生子。又有鄭惺宇者，初生一女，後孕廿四月而生子，屢産皆然。其女嫁後，每孕亦廿四月而生。亦一奇矣。

吾州宋芷灣太史湘，天才卓越，所著《紅杏山房詩文集》名重一時。家香鐵待詔評其詩有云："太白東坡歸一手，蘭臺獨當大王風。"象州鄭小谷比部尤推重其時文，謂"乾嘉諸老中未易數覯"云。出守滇南，洊升湖北糧道，卒於官。其在雲南時，培植人材，不遺餘力，如池籥庭太史生春、戴侍御絅孫，皆其門下士也。李次青廉訪編集《國朝先正事略》，入《文苑傳》，傳中多叙其治滇政迹。余題先生遺照云："滇山久沐菁莪化，楚水猶留惠愛聲。循吏儒林均不愧，誤將文苑署公名。"蓋紀實也。

先生掌教豐湖書院時，所撰楹聯膾炙人口，梁茝林中丞采入《楹聯叢話》中。或傳其贈門人池籥庭、戴筠帆聯云"青眼於今看二子，黑頭應許到三公"，贈惠州太守伊墨卿聯云"南海有人瞻北斗，東坡今日領西湖"，尤爲一時傳誦。

吾粵某令，性貪而好名，動以清廉自矢，往往受賕枉法，必使得罪之人頌揚德政，否則重加譴責。咸豐初，署南雄州牧，有富室與人搆訟，令坐大堂，召百姓同聽，謂富室曰："汝本原告，論事亦可無罪，惟本縣廉吏，汝乃以身嘗試，輒以暮夜金污我，若拒而不受，汝太便宜矣，今將此銀罰爲學署公費，以示薄懲，後有效尤者，必重責之。"言畢，命左右取白金數百擲案下，一時觀者，同聲稱頌。久之，乃知被告之人曾以千金賄賂，故舍此取彼也。余謂此令借清廉之名，以文貪婪之罪，巧詐之尤者也。卒之通國皆知，聲名狼藉，此所謂欲蓋彌彰也夫！

廖樞仙錫恩言：惠州某生，家素貧，初聘某氏女，厭生之貧，屢欲悔婚。會是秋生赴郡應童試，女母向生家索婚書，旋另許他氏。生歸，無如何也。是年生入泮，女適郡城某，生亦另娶。又數年，生領鄉薦，自省歸，舟抵郡城，將登岸。惠俗多婦女肩挑者，有數婦登舟，爭取行李，一婦甫入艙，舟子曰：“此貴人物，勿妄動，否則不汝貸也。”婦問貴人爲誰，指示之。婦瞥見，兩頰發赤，即聳身入水，幸不死。詢此婦，即當年悔婚女也，嫁數年後，其夫爲人傭工，婦以肩挑度日，素識生面，故見之悔恨欲絶也。此可爲世之不安貧者戒已。

又言：龍川黄生，寒士也，初聘某氏，未娶而女家父母悔婚，欲另擇壻，女誓不從，父母無如之何也。後生入泮，家亦小康，尚未娶，有知女事者，仍欲爲生議婚，生族皆不欲。生聞之曰：“是逼於父母命，非女意也，且既不肯另適他人，我若不娶，負此女矣。”卒娶之。後生以廩貢得訓導，家日殷富，生子數人，有食餼者，人謂其忠厚之報云。

又云：惠俗娶親，親友賀喜後皆集青廬，謂之“鬧房”。新婦入門，例不食，女家囑伴娘潛攜熟雞子十數枚，饑則令女食之。有新婦甫啖雞子而賀客入房，不及大嚼，急咽之，竟塞喉中，不得下，須臾氣閉，無可施救，男女兩家互相怨嘆而已。天下无妄之災，有人情所不及料者，皆此類也。

吾州有曾甲者，以隸役起家，倚勢作威，幾於目無餘子。有女幼爲人養媳，及長，淫穢之行遠邇皆知，曾以爲耻，絶其往來。會曾爲母祝壽，懼女之來也，預使阻之，且告之曰：“來則必逐汝，毋自取辱。”是日賓客甚盛，女貿然來，曾怒斥之，女詰曾曰：“兒何罪？乃擯之門外，何也？”曾曰：“汝不知廉耻，污我門户，尚以爲無罪乎？”女靦顔曰：“女之不肖，父母所貽也。”曾愈怒，女數之曰：“汝身爲皂隸，朘人脂膏，破人家産，離人骨肉。所謂不善之家，必有餘殃。女遭逢不幸，適當其咎，是天所以報汝也。女不怨父，而汝乃責女，能無自愧乎？”曾噤不能言，羞慚無地而已。余謂此女誠不足道，然詞强理直，宜曾無可置喙也。世之身爲隸役而魚肉鄉里、以肥其家者，聞之當憬然自警也夫！

京師市賈騙術不窮，如《閱微草堂》所記紙靴泥鴨之類，不一而足。余見有打鼓者，父女二人僞作買賣狀，時於人迹稠密之區爭價低昂，互相怒詈。旁觀不知，代爲調停，於是故作感謝，隨將物售於其人，視所爭之價相去倍蓰。比攜回，則僞物也。又有袖藏人參綢緞者，索價甚廉，或云拾之道旁，或竟自認小竊，但冀速售，不爭價值，迨成交後，將原物换去，開視則碎紙一包而已。人情叵測，可勝浩嘆！

吾州多巫媪，爲人禳災祈福，村氓信鬼神，往往爲其所惑。余鄰有翁媪者，業此十餘年，家亦小康。一日，其子病甚，媪出貲遍覓巫媪，爲之祈禳。人皆訝之，或曰："此媪平日以術愚人，明知鬼神不足恃，故一旦災及其身，術竟無所施耳。"余曰："此媪之信鬼神甚於他人，彼但知我不足恃，而冀幸他人之祈禳勝於我，是猶以其術爲有濟也。自知之明，自信之篤，此媪有焉！天下有己不自信而猶欲强人以信我者，其視此媪，相去遠矣！"

溧陽史夢松夢中得句云"衆鳥歸來托，繁林得所天"，初不解所謂。後會試場題與前詩意相合，韻限"天"字，即用夢中句。試官以其詩意暗合聖意，遂入選，旋官翰林。《隨園詩話補遺》。此與唐人錢起"曲終人不見，江上數峰青"之句同一遇合，亦奇。

《晉書·卞壼傳》：王式繼母，前夫[①]終，更適式父。

---

① 夫，原訛作"父"。

父將死，母求去，父許之，遂終喪而還前夫家。前夫後妻之子奉養至終，遂合葬於前夫。《陔餘叢考》云：“此事甚不明晰，式之繼母既因前夫死而嫁式父，則其前夫安得又有後妻？當是前夫之妾有子，養之至終耳，乃稱爲‘後妻’，措詞殊混。”余閱邸報，有“浙江某婦呈報節孝”一事，詞稱婦某年十八適某氏，夫死守節二十餘年，咸豐間髮賊陷城，婦懼辱，抱幼子赴水死云云。夫既守節廿餘年，安得更有幼子？自是螟蛉者耳。而詞不及此，使傳之後世，不幾以爲口實乎？

吾粵黎兆民太守兆棠之母馮夫人，素以賢孝聞。同治三年，召民守江西南安。時髮匪犯境，馮夫人闔門誓死，出簪珥犒軍士，郡城藉以保全。事竣，奉旨賞給二品封典，賜“教忠勵俗”匾一方。同治五年，馮夫人卒於江西。按陳宣帝時，歐陽紇反，陽春太守今廣東肇慶府屬馮僕之母冼夫人，帥諸酋長迎章昭達共討平之。馮僕以其母功封信都侯，遷石龍太守今廣東高州府屬，册命冼夫人爲石龍太夫人。此可謂後先輝映矣！

潮陽陳香鼎言：道光間，縣屬忽遭颶風，民房倒塌無數，人畜皆有損傷。有某甲房屋，吹至村外十餘里，屋中人俱無恙，亦奇。

古樂府“碧玉破瓜時”，或解以爲月事初來，如破瓜則見紅潮者，非也。蓋將瓜縱橫破之，成二“八”字，作十六歲解也。本《隨園詩話》。蔣秋泉光署云：桂林某甲家養幼媳，年十二而生子。又粵東省西關外某姓，有十三歲生子者，奇矣。余按《南史》，張麗華初事龔貴嬪，方十歲，後主見而悦之，因得幸，遂有娠。《輟耕録》：至元丁丑，民間訛言采秀女，故婚嫁不問長幼。江蘇蘇達卿女，年十二，贅浦仲明之子爲婿，明年生一子。又晉明帝崩時年僅二十七，其子成帝享國七年，年二十二，則明帝生成帝時年僅十三耳。北魏獻文帝亦十三歲生孝文帝。北齊琅琊王儼被害時年十四，已有四男，此皆生子最早者。《陔餘叢考》。天地之大，何所不有！拳母生錐兒，豈不信哉？

蘇人某乙，年四旬餘，鰥居待偶。鄰有某甲者，素工撞騙之術，探乙意，因言：“某處有女，年甫及笄，正擇壻。但子年稍長，恐未能當意，須隱瞞二十歲，則良緣始可操券得也。”乙從之。甲於某所覓一幼女，誑乙聘金百餘兩。聘已定，送女至乙家，則五齡幼女也。乙見女年貌懸殊，怒甲誑己，急覓之，則已他遁，遺書付乙曰：“此段姻緣，予爲君隱廿年，爲女隱十年，是女之所隱者少而君之所隱者多，女不責君，而君轉責予，何不諒之深也！然緣由天合，不關人謀。待女十年，則枯楊生稊，失之東隅，猶可收之桑榆也。君無尤焉！”聞者咸爲捧腹云。

潮州尼菴多俊尼，藏垢納污，無所不至。嘉慶間，三河蔡姓攜其子往郡應試。子年少喜游，偶至城内金山寺，爲尼所羈，不得出。諸尼晝夜宣淫，蔡子不勝其擾。欲求歸家，詢諸尼，皆掩口笑。一日詣後園，見瓦缸數具，封識甚固，心疑之，舉以詢老尼。老尼曰："實相告，此纍纍者，皆君輩骨也。蓋寺尼淫蕩，客至必羈留寺中，其人尫弱即殺之。數年來，吾見其入而不見其出者，比比矣。"蔡子聞之懼，哀求釋放。老尼意似憐之，亦未允也。會寺中作佛會，諸尼皆詣殿上誦經。蔡急至後園，見四圍墻甚高，惟一樹稍可攀。遽登木，襪履皆脱，跳而免。尼覺之，已無及矣。蔡歸，未幾亦死。今尼菴尚在，聞污穢猶昔，而隸役營兵從而包庇之。此邦之人視若固然，安得維持風化之吏，執法而懲創之，庶清淨莊嚴之地，不至爲淫污之藪澤乎？

道光間，湖南某府有寡婦，撫一子，僅數歲。偶詣親串家，攜幼兒往。其家有女，年十五六，正懷春矣。女抱幼兒於室，偶情動，戲與兒合。有傾兒大啼，女驚呼。婦至，則兒死矣。女諱其事，婦亦徒喚奈何而已。未數月，女忽有娠，父母詰之，不敢言，以爲病也。未幾將臨蓐，父母以爲羞，逼女死，女始述其故，且曰："倘生兒，願爲婦家媳。"後竟生子，貌類寡婦兒。走告寡婦，婦大喜過望。女竟攜子往，事婦如姑，終其身。子年二十餘進庠，以廪生終。事母極孝，婦猶及見之。人謂此婦以子易孫，殆天所以報之云。張蔭南言。

袁簡齋爲某邑令，邑有娶婦六月生子者，兩家搆訟。袁曰：“此事何足異？古有過期生子者，見諸載籍，爾當共知之，若不及期而生者，本縣是也。《傭吹録》載：女子田無嗇三月産兒，是古亦有之。謂予不信，請問太夫人。”遂抱子入見，兩家皆歡喜，解訟。人謂先生現身說法，不必果有是事也。然六月生子，世實有之。邱雲岩云：乾隆間，大埔楊公之徐由甲榜爲令，後引疾歸，年五十餘矣。楊夫人卒，將續絃。有世好饒姓女，年十八，未字，人浼媒求之。女父母以楊年長辭之。女謂同伴曰：人謂楊君年長，觀其福澤，殆未可量也。父母聞之，竟以女字楊。嫁六月而生子，後連舉三子，俱六月生。長纘緒，次黼時，次演時，三子皆成翰林。長公由翰林出守，薦升按察。觀此則“後時主壽，先時主貴”之說，豈不信然？余謂楊夫人能相楊翁，尤可謂正法眼藏，亦女中之矯矯者也。

京師消寒會最盛，自冬至日起，每九日輒相讌集，迭爲賓主，名曰“消寒”，名公巨卿亦所不免。蔣霞舫編修云：道光朝，宮中作“九九消寒圖”，成廟書“庭前垂柳珍重待春風”九字，字各九畫，每日書一筆，至八十一日始畢。宮人皆效爲之。此亦熙朝佳話也。

聖人云“敬鬼神而遠之”，自宋儒持魂升魄降之說，遂謂人死則聲銷迹滅。而世乃確然有遇鬼者，豈皆附會其説歟？抑鬼神果非虚歟？古人衣衾棺槨，附於親者，不敢不慎，慎終之道也。世之遇鬼者，即係生時服色，豈神已離形而服仍不變歟？塗車芻靈，自古有之。然明器之設，聖人所以明禮也。世人於冥物，無不備設，將陰曹什物，悉陽世所爲，則冥鏹不又可廢歟？且猶是楮也，爲室廬，爲人物，爲器用幣帛，火化之後，即一成不易。倘同付一火，不幾淆雜而不可分歟？此其中似有一理焉，而非淺見者所能揣測也。聊志於此，用質高明。

普寧莊參將鎮藩言：普寧某鄉，兩山并峙，中一小溪，常涸。道光間，有外夷三人過山下，拾溪中小石，反覆玩現，旋棄之。後二人亦然。村人疑之，拾視石，無他異，碎之，中有死蝦。又有學究王某，偶見淺溪四旁水皆濁，中間獨清。視其下有石，色黑而質潤。攜歸案頭，以爲玩具。置書上，逾時盡溼，易他處亦然，始覺其異。或汲濁水，置石其中，則水皆清。由是舉家珍之。十餘年門庭清吉，老幼皆無疾病。一日，王因事他適，兒童誤碎之，中有生蟹一枚，與石俱碎。王痛惜不已。後其家竟日敗云。余謂其家之興廢，殆氣運使然。若蝦蟹動物，何以能生石中？此真不可解之事矣。

余嘗於海客處，見一千里鏡，視之則高下易位，人皆倒懸。賈人曰：此物置自西洋海舶中，每攜用之。莊參將云：潮州有鄉民得一石，大徑寸，微似水晶，云自牛口吐出者。視其中，人影亦倒懸，不知何寶。欲攜至粤省，冀獲重價。或阻之曰："子攜寶遠行，恐將賈禍。"懼不敢往，自是藏諸家。數年後有人詢之，則已失之矣。

梅州廟祀有五顯神，初不知始於何時。趙耘菘《陔餘叢考》云：鈕玉樵謂起於明祖，命江南人各立尺五廟，俗謂之五聖廟。後遂有小災殃，輒曰五聖爲祟，本朝湯公斌巡撫江南，奏燬之，其禍遂絕。《述異記》亦謂湯公奏除五聖淫祠，妖禍遂絶云云。按《夷堅志》：林劉舉將赴解，禱於錢塘門外九里西五聖行祠，遂登科爲德興尉。到任奠五顯廟，知爲五聖之祖祠也。則五聖之祠，宋已有之。《七修類稿》又謂五通神即五聖也。然則五聖、五顯、五通，名雖異而實則同。今粤省各處尚有之，又不獨吾州爲然也。松口等處又有王顯宫，疑王顯即五顯之訛。

梅州有晏公廟，莫知所始。《七修類稿》云：明太祖所封也。太祖至毘陵，江風大作，舟將覆，忽見紅袍者挽舟至沙上。太祖曰："救我者誰也?"默聞曰："晏公也。"定天下後，江岸將崩，有豬婆龍在下，不可築。忽一老漁，教炙豬爲餌以釣之，遂釣而出，岸乃得成。問老漁名，曰"姓晏"，倏不見，太祖聞之，曰："蓋即救我於覆舟者也。"乃封爲"神霄玉府晏公都督大元帥"，命有司祀之。又《續通考》云：臨江府清江鎮，舊有晏公廟，神名戎仔，明初封爲平浪侯。見《陔餘叢考》。據此則晏公之得廟祀，斷自明始矣。

又梅州近水濱，多立漢帝宫，漁家蛋户虔祀之，目爲水神。梅塘有教諭宫，亦祀漢帝，取入關告諭父老之意以爲名，則竟以漢帝爲高祖矣。竊意高祖何以有廟？又何以專屬水神？三伯父雍臣先生曰：聞諸父老，蓋陳友諒也。友諒本漁家子，僭號曰漢。友諒死後，其子理猶竊據武昌。其黨爲之立廟，江漢之間多祀之。此漢帝之名所由昉也。數百年後，廟宇尚復巍然，然則鬼神之享血食，其盛衰久暫，亦有運數存其間乎？

友人偶述天津有洋行失去一犬，控之於官，官爲出示懸賞，道路譁然。《隨園詩話》載：某公有愛貓癖，督學河南，按臨商邱畢，出署，失一貓，嚴檄督縣捕尋。令苦其煩，用印文詳報云："卑職遣幹役四人，挨民家搜捕，至今逾限，憲貓未得。"閲之不覺失笑。

吾鄉某甲，生平善造作事端，誆騙財物。嘗歛錢爲人作生齋，乾没甚多。後數年，甲死，有頃復蘇，呼其妻曰："急覓帳本來，冥中尚須清算也。"妻驚付之，遂手握而死。此事雖不知其如何，想冥中必不容其乾没也。

道光甲辰會試，有陝西舉子劉某被鬼索命事。饒翼雲大令與同舍聞此事甚詳，云劉自陝來，抵河南旅舍，忽抱沉痾，斧資告罄矣。有同寓客某，詢劉爲孝廉，代出資延醫，月餘始愈。劉德之，謂某曰："旅費已空，不復作觀光想，他日當圖厚報。"客憐之，願解囊相助，與劉同抵京。朝夕所需，皆客貲也。一日，劉因小故怒責之，客亦反唇相稽。或詢之，客備述前事。劉聞之怒，誣客爲舊僕，謂在途曾竊其資，送官懲治之。客受責，歸寓自縊。比入場，劉見此鬼，知不免，是夜投環死。余謂地獄之設，正爲斯人。劉雖死，未足寬其責也。

大埔賀香九穗連弱冠補弟子員。偶患病，忽見吏役手持牒，署賀名。驚訝間，有叟出。役問："此有賀某否？"叟不應，急入室。旋出，告役曰："無是人也。"偕役進門，遍歷堂室。有頃役去。賀恍惚間覺身既出門，遠望吏役在前，忽抵一處，有宫殿數楹，見一人若冥官狀，詢賀胡來此，告以故。其人曰："子遠來，可一飯。"遂聞傳呼治食。有頃，捧一大篕至。揭視，人頭也。賀懼甚。其人取腦食之，怒責厨役，令復具餐食。頃復捧一篕至，視之，即厨役頭也。賀心悸，其人强使食之。驚懼勉下箸，食畢求歸。其人許諾，入取包袱爲贈。啟視，則七品補服二。姑謝之。遂命送之歸，所經非復來時道路。比醒，聞母妻哭聲。心訝之，則死二日矣。覓所贈，已烏[1]

① 烏，原訛作"鳥"。

有。自是霍然。嘗憶所贈七品服，謂人曰："余或以孝廉終乎？"後年五十始領鄉薦云。雲岩言。

雲岩又言：蕭孝廉一經少時偶患病，沈綿枕席。忽覺出門，信步至溪橋，遇其姊覿面過，目若無覩，呼之亦不聞，不解何故。過橋視祖祠不遠，漫步登堂，忽見其祖父怒叱曰："胡至此？宜速返家！"言畢以杖擊之。負痛將趨歸，祖復呼之曰："余冥司方搆訟，頗乏銀錢，汝歸須多焚金銀錠，爲地下用。"問陰曹何事搆訟，曰："凡陽世與人有訟事，陰司亦如之。須陰司案結，陽世方能了也。"又囑曰："金銀楮帛，如殘毀焚化，則不堪使用。汝歸默識之，勿忘也。"諾而退。徑趨至家，霍然醒。仍卧床席，詢其姊已來歸寧，始悟向時魂已離形也。時因田産故，方搆訟。多買金銀錠，焚之。後病日愈，訟亦結案。至今孝廉遇祭祀，必自焚楮帛，曰："吾不敢以殘毀無用之物貽先人也。"

李謙山言：會昌有馬鳳英者，少習儒，性愿樸，人或以癡目之。一日自塾歸，見一女艷妝入其門，初疑爲親串也，抵家見麗者坐廊下，驚詢之。女曰："余王四姊也，與君有夙緣，願永以爲好。"並戒勿洩。馬惑之，遂相綢繆。家人皆不之見。馬偶肩輿出門，女與俱。輿夫訝其重，亦弗覺也。家人覺無他異，欲一見女，女不可。朋輩有知之者，囑馬取其服飾一觀，亦不可得。女偶與馬約偕歸其家，至則樓閣連雲，入門有叟出，欵接甚殷，即女父也。將歸，以果物實竹筐。時方隆冬，所贈物皆非時，有云據此則馬所遇當是狐女，但不知後來如何也。

卷　三

易曰：“積善之家，必有餘慶；積不善之家，必有餘殃”，此主數而言也，理在其中矣。明太祖有言曰：“爲惡或免於禍，然理無可爲之惡；爲善或未蒙福，然理無不可爲之善。”此主理而言也，數有所不足道矣。又曰：“彼爲善而無福，爲惡而無禍，特時有未至耳”，又未嘗不以數言矣。閻若璩《潛邱劄記》。紀文達謂：“世人見作惡無報，動疑神理之無據，烏知冥冥中有如是之委曲乎?”又曰：“神理分明，毫釐不爽。乘除進退，恒合數世而計之。勿以偶然不驗，遂謂天道無知也。”因憶吾州城隍廟有一聯云：“爲善必昌，不昌，祖宗必有餘殃，殃盡則昌；爲惡必滅，不滅，祖宗必有餘德，德盡則滅。”此本大《易》“餘慶餘殃”之説而衍之，合前數説，宛若重規叠矩矣。

吾粤潮、嘉等處，所用錢皆鑄自日本、安南，錢質單薄，不知何時流入中國。平遠、長樂二縣，則與中國錢參用，或以銅錢九十五文抵日本安南錢一百。考《容齋隨筆》載：梁武帝時以鐵錢之故，商賈浸以姦詐自破。嶺以東，八十爲百，名曰東錢；江郢以上，七十爲百，名曰西錢；京師以九十爲百，名曰長錢。其後錢陌亦少。至於末年，遂以三十五爲百。唐初純用足錢。天祐中，以兵亂窘之，始令以八十五爲百。後唐天成，又減其五。漢乾祐中，王章爲三司使，復減三。宋因漢制，其輸官者亦用八十或八十五。然諸州私用，猶有隨俗，至於四十八錢。太平興國二年，詔民間緡錢定以七十七爲百，名爲省錢。後又有所謂頭子錢，每貫五十六。民間所用，多寡益復不均。我朝咸豐間，鑄當五、當十、當五十、當百大錢，後又益以鐵錢，令民間每銅錢百參用鐵錢二十，卒窒礙難行。今京師市廛交易悉當十大錢，核之昔日所用銅錢，僅值兩文，名爲當十，其實不爾也。

漢以來金銀皆以斤計，如高祖賜陳平金十萬斤，文帝賜周勃金五千斤，武帝賜東方朔金百斤。南北朝亦然。侯景圍城，羊侃率兵禦之，詔送金五千兩、銀一萬兩賜戰士，則金銀以兩計起於梁時。其後陳隋之世，賜金銀各用二三千兩。周法尚破李光仕，文帝賜黄金百五十兩、銀百五十斤，則金以兩計，銀猶以斤計。蓋古時金銀價甚賤，故以斤計，後世金銀日貴，故不得不以兩計也。《陔餘叢考》。余少時抵滇南道，出貴州都匀府屬，聞輿夫私語曰：“明日草履，動輒數兩矣。”疑其妄語。次日過都匀府，始知其地所用錢皆以斤兩計也。用錢不論數目，但計分兩，尤奇。

陳叙齋孝廉惟功言：侯官沈幼丹中丞葆楨守廣信時，有諸生某，素不法。將捕治之，某棄家遠颺，會沈以擢升觀察去任，事遂寢。越二年，由觀察擢巡撫。生歸家年餘，不聞緝捕，潛詣省城偵之。時江省軍務方殷，生因條陳緝盜章程入謁，中丞優禮接之，幾忘前事矣。忽憶此名耳熟已久，復召入署，詰之，即廣信某生。窮治得其罪狀，置諸法。此生前因緝捕遠遁，向使改過自新，深自斂抑，安知不邀寬宥，乃公然作呈身御史，可謂狡獪伎倆矣！而不虞自罹法網。天下神姦巨蠹，往往有弄巧反拙者，皆此生之類也夫！

咸豐庚申，余告急南歸。抵欒城，見粉墻有詩四首，愛其情致纏綿，備録於左：“浪從人海逐波瀾，贏得歸來衣錦看。才子功名成落拓，仙人居處耐高寒。日邊遍種櫻桃小，天外重歌薢茩難。別有情癡渾不解，還家心比去家酸。”“不信人間我負心，黄衫底事倦相尋。春風舊約歸何晚，皦日前盟負更深。對策有才空片玉，買花無值亦千金。幾回王謝堂前過，悵望新巢淚滿襟。”“一誤何堪再誤爲，此生無奈癖兼癡。桂林秋馥空群艶，棣萼春華折一枝。歌舞都成名士債，窮愁賸寫旅人詩。祇園但遂鋪金願，十萬花鈴總護持。”“十層等級築浵臺，我欲呼天一問來。貧賤那堪長作客，疏慵何苦枉生才。歸家懶作妻兒主，宦海羞尋温飽媒。剩有不灰河嶽氣，一枝詞筆盪雲開。”味其詩，殆有約歸來，而佳期已誤，故篇中不無悔恨之詞云。

咸豐辛酉七月，粵東羊城風災。一日間颶風大作，百里内舟檝無得完者，淹斃以萬計。吾州李錫卿水部重熙攜其子學權赴試，至滘口舟覆，父子溺焉。張彦高司馬其翻輓以聯云：“天道何知，采石乘舟偏死白；善人有後，隴西當户定生陵。”錫卿僅一子，娶婦剛半年，幸其時有遺腹也，後果生一孫，次聯竟成語讖。

堂叔稻薌言：某甲竊賊也，自云生平黑夜入室，取人財物多矣，惟一夜入人家，抵内室，推門，聞室内婦人低聲曰：“來乎？”姑應之曰：“諾。”婦曰：“伸手我辨之。”探窗入其手，婦撫摩者再，曰：“誤矣！”將大呼，遂驚走。又某夜抵一内寢室中，燈將[①]滅，暗中摸索財物，將席捲而去矣。聞炕上有鼻息聲，揭帳，見一男子危坐，瞪目而視，不言，亦不驚駭。疑走出。此兩事，百思不得其故。余謂曖昧之事原不容懸揣，但由前説而論，當係幽期密約之婦誤爲所歡來，及辨其非是，故不

① “將”字爲增補。

納耳。若男子危坐帳中，安知非怯懦之夫，聞聲起坐，驚恐不能言乎？或曰：“此亦姦夫待所歡者也，不敢驚呼，非畏賊也，畏同室之人耳。”是説也余亦疑之。

李宣臣言：曩客天津，偶詣某處，路經一家，門外數十人，喧嚷嘈雜，嘖嘖稱異。試詢之，則一婦夫死，家貧，僅一女，年十四，頗有姿首，媒媪啖以利，謂鬻女青樓，可獲多金，婦許之。女有母舅，距婦家窵遠，會是日來郡訪友，聞是事，驚往視，則婦已送女至門，尚未下輿也。乃與媒媪約償其金而毀券，謂其姊曰：“我爲甥女覓壻，不以累汝也。”竟攜女去。後不知其如何。余謂此女不當流落青樓，故得人拯救耳。宣臣云：聞鴇母已預與一客，訂與女會。使稍遲一日，縱文姬可贖，而白璧微瑕，已作終身之玷矣。亦危矣哉！

楊厚菴制府岳斌，湖南人，由行伍從軍，轉戰數省，所向有功，薦升福建水師提督，同治甲子升任陝甘總督查。我朝漢人由提督遷總督者，前有趙公良棟父子及梁公鼐、岳公鍾琪并楊公遇春五人，此外無聞焉。又彭雪琴侍郎玉麟由文生從軍，咸豐辛酉間薦升安徽巡撫，自以向帶水師具摺力辭，得旨改放水師提督，旋轉補兵部侍郎。查魏源《聖武記》載：嘉慶中山東劉公清以平教匪王三槐之功，薦擢藩司，自以不任簿書之勞呈請，願就武職，旋改授曹州總兵。漢官由文職改武員者，此外亦無聞焉。

今寺觀中，神前每設兩珓，村氓祀神者多擲之，以占吉兇。按此亦古法。韓退之詩云：“手持盃珓導我擲，云此最吉餘難同。”程大昌《演繁露》：問卜於神，有器名盃珓，以兩蚌殼投空擲地，觀其俯仰，以斷休咎。《荆楚歲時記》：秋分以牲祀社，擲籔於社神，以占來歲豐歉。《石林燕語》：高辛廟有竹桮筊，以仰爲陽筊，俯爲陰筊，一仰一俯爲聖筊。筊、籔皆通珓。知此法相沿已久矣。又鷄骨卜，今蠻峒猶用之。蒙古人則用羊骨卜，燒而觀其坼兆，亦猶之蠻峒也。至烏什回部人，以所食桃杏擲地，視其縱横奇偶，以卜休咎，此又一法矣。

武進巢震林，順治壬辰會試，中式一百二十六名，以磨勘革去，乙未復中一百六十二名，名次高下，毫釐不爽。又蔣丹林祥墀祭酒，中乾隆庚戌會榜，先是己酉會試，卷已備中，是科備中三卷，額止二名，遂見遺。後因某字號卷後篇承題字誤，又擬中，寫榜時拆看某號，係謄録之誤，仍撤去。次年庚戌乃獲雋。然則科名遲早，信有定數，先一年亦不可得也。

余家上堂懸挂“福”字扁，成廟御筆也，久欲鐫刻未果。咸豐己未遣兵燹，竟損失。憶先伯父賓門先生有《恭紀》一則，謹録於左，以誌不朽云：“右‘福’字乃今上御書，以賜儀府貝勒名奕緅者也。貝勒爲儀府嫡孫，博學儒雅，好與布衣游，視古之河間、東平，殆無以過。際虞初應禮部試，時兄俊正客府中，因得上瞻丰采，距今數年矣。甲辰四月試事畢，將告歸，爲母上壽。適貝勒聞之，齏[1]此爲祝。天章炳燿，如日正中。宸藻輝煌，斂時嚮用。因憶袁簡齋先生《謝渤海相公啟》所稱：'天子爲九重福主，錫之以與相公。相公爲一路福星，分之以與士女。'際虞亦何幸而得此耶？祝萱堂之集祜，喜蓬蓽之增輝。際虞不勝榮幸之至。道光甲辰小陽春月恭紀。"

大埔邱翰臣明經言：晉昕昔隨侍九江時，翰臣先德愓甫先生曾任九江太守。郡署後有樓數楹，舊有狐居，人迹罕至。朔望每以雞子并酒祀之。一日樓窗忽開，署中人僉見樓内髯鬚無數，而面目不可辨。又所寓書齋，紙窗夜間無故破數十處，初以爲鼠也，補之復破。偶與業師張先生言之，張名師右，後登甲榜，爲蘭溪令。師曰："署中向稱有狐仙，此或狐所爲耶？"驚懼，夜卧不自安。太翁愓甫先生曰："狐不能無故擾人，此必汝有所開罪也。盍往謝諸？"不得已衣冠，對樓拱揖而謝。自是紙窗不復破，亦迄無他異云。

又言：業師張先生師右述其在廣信府，署内素稱有狐。每夜間閲書，就寢後書必翻易數頁或十餘頁。初以爲記憶不清，後屢試皆然。一夜偶出，便旋聞室内悉窣有聲，穴

① 齏，似當爲"齎"。

窗窺之，一老人伏案閱書，驚不敢入。後以告同幕朱某。朱素戇直，聞之怒曰："狐魅無故相擾，若遇我必擊之。"偶一夜朱方伏案閱文籍，突一黑手據案上，心知爲狐也，怒以夏楚擊之，手即不見，而案上端硯已爲粉齏矣。一夕朱方寢，一婦人揭帳，朱視之，高逾數丈，狂呼始去。自是騷擾無虛日，朱恐，尋辭館他往，始無恙。或詢張曰："君何獨畏狐？"張曰："聖人云'敬鬼神而遠之'，吾德不足以勝之，故不欲與爲難也。若朱君者，不自度其能勝與否，輒以盛氣相淩，宜狐之見報也夫？"

有友弱冠領鄉薦，初抵京師。一日出門，遇橐駝，駭極，回寓告諸所親曰："今日見一異物，狀如騾馬。"因擬其狀，聞者失笑。古樂府云"少所見，多所怪"，見橐駝言馬腫背，益信此語不謬。

梅州東關外有廟，額曰"安濟侯"，俗呼"梅溪神"，即梅水之神也。廟不知建於何時，後日就傾圮。嘉慶間，先王父倡議集同人捐資重修。時先伯祖學陶以鹽場大使需次浙江，渡河舟覆，恍惚中有紅袍神援救，得不死。抵家後述其事，乃知神靈救援之時，即集議捐資之日也。一念之誠，直通冥漠，神乃於數千里外報之，亦靈矣哉！

長洲相國有孫女，未出嫁時，值相國病劇，女潛割臂肉和藥以進。後適蔣氏，同治乙丑病卒，卒時家人驗臂上創痕尚在。戚族憫其孝行，聯名請旌，得旨准其旌表。又咸豐十一年，西城御史奏：甘泉縣監生汪如松，割臂療祖母病，身故。經禮部議奏，奉旨旌表。事見邸報。近代以來亦所罕見也。

凡戲無益，有時適以自戲。里有某甲，新娶婦。甲日貿易，夜始歸。新婦或閉門先寢，習以爲常。有同室妯娌喜調謔，一夜窺新婦寢，易男子服履，聲橐橐，推門入室中，無燈火，遽解衣登榻。新婦羞澀，以爲壻也。突壻歸，推門逕入。新婦驚呼。其妯娌心知爲婿，倉皇起遁。甲闇中見人，驚爲賊，遽掩門疾呼。同室皆起，持燈入。燭之，則妯娌某也。衣履未著，衆目同視，愧赧欲死。翁姑知之，復大遭詬詈。此事猥鄙不足道，然亦足見侮人適以自侮也。

譚允生大令子中，粵東順德人，與弟子恭皆寄籍廣西奉議州。先是奉議未設學額，道光間始奏請入學一名。歲科兩試取進者，即允生兄弟也。後因應試者寥寥，仍請停止。咸豐丙辰補科，二人同領鄉薦。允生後捷南宮，爲湖南令。入謂奉議之學若爲譚氏兄弟特設也者，緣亦巧矣。

古人卓絶之行，不可攀躋，而好名之人，或有竊比之者。堯、舜禪讓之事，子之、子噲能爲之。其迹雖同，其心則異。此治亂所由分也。天下有事非出於好名，而難能可貴之舉，直可追蹤古人者。嘗與李謙山、邱翰臣論鄧伯道舍子救姪一事，僕人林升卒然曰：“此何足異！梅州己未之難，西關外有謝姓者，聞賊至，將徙避。有孤姪及幼子，不能並攜以逃，夫婦聚謀曰：‘姪猶子也，然子可再生，而姪不可復得。’遂攜其姪逃。賊至，謝子竟死於難。”余謂天下事，無獨必有偶。此一事，直可媲美前人，而得之鄉愚，則尤難能可貴者也。匹夫匹婦，至行可欽，而名不出於閭巷，若此類而磨滅不彰者，何可勝道！有心世道者所當表而出之也。惜林僕不能舉其名，他日當再詢之。

林僕又言：咸豐己未，吾州龍頭村李姓，有孕婦將臨蓐。賊忽至，舉家逃避。婦以體乏不能行，爲賊所得。强污之，不屈，賊怒剖其腹而死。姑歸見婦死，而腹中子尚呱呱而泣，遂收養之。同治甲子，年六齡矣。林僕曾親見之。

吾州某甲，讀書而家貧。妻某氏，初富室女也，嫁時粧奩甚富。甲本貧，尤多嗜好，恒典鬻其妻服飾以自給。嘗謂其妻曰：“丈夫不患貧賤，但慮時運未通耳。使吾他日得志，則區區者何足云乎！”妻深然之。又數年，甲貧如故，典鬻將盡矣。同室人咸笑其愚，甲妻曰：“吾非不知之。然丈夫不可量，若他日爲買臣妻，則覆水難收，悔之晚矣。”後甲饑困，外出未歸，妻竟凍餒以死，聞者傷之。余謂此婦之賢否未可知，然尚足爲儇薄者戒也。

錢東生編修林，世所稱爲冥判者也。嘗言陰司事甚悉，人多信之。《閱微草堂筆記》顧郎中德懋亦有爲冥判之事。嘉慶丙子典試廣東，吾州謝仲山大令卿謀，其所取士也。叔祖式齋先生亦出其門，堂伯子超先生是科中副榜。道光壬辰，仲山捷南宫，錢謂其所親曰：“昨在冥司閲科名册，鼎甲中似有謝名。”後不驗。是科一甲三人，吴鍾駿、朱鳳標、季芝昌也。謝會榜名次與朱相連，此或册籍中别有圖識，而錢誤認，未可知也。咸豐庚申，蘇和卿輅編修嘗夢爲第二人，比殿試，則榜眼乃南海林彭年也。是科狀元鍾駿聲，探花歐陽保極。蘇會榜名次恰鍾之下，歐陽之上，亦可謂不驗之驗矣。孰謂冥冥中非有定數哉！

咸豐年間，都中糧食店有黑豆，如人面形，眉眼口鼻皆宛肖，鍾遇賓比部親見之。又同治三年春，鎮平縣居民衣服忽有印文，或員或方，字畫波磔不可辨，亦有如人面形者，雖收藏篋笥者皆然。鄉里喧傳，詫爲異事。是年八月，髮賊由江右竄陷鎮平，死傷不少。次年五月，賊由閩竄粤，復陷鎮平，屠戮甚慘。兵燹之餘，繼以瘟疫，死亡者十室八九。印文之兆，殆即此歟？

距大埔三十里之平沙有高磜寺，相傳昔日慚愧祖師曾卓錫此地。寺有鬼，恒夜出魅人。道光間，有童姓者教讀寺中，幼子隨焉。子年十五六，亦聰慧。未幾日見羸瘠。父私怪之。一夜，室内聞有人聲，聽之，隱約皆淫褻語。疑子有外遇，詰之。子諱言無。詢寺中，實未見女子出入。又一夕，寺中人聞童子室中男女譁笑，繼而碻然有聲，似物墜地。群燭之，則童子赤身死窗外。窗櫺甚窄，亦未損壞，不知其何以能出也。土人云數年前有女懷春死，葬此山中。童子所遇大約即此。自後遂無人再寓寺中云。

魂歸故土之説，自古有之。大抵或附音書而至，或隨旅櫬而歸，皆有所憑依，而後得還也。邱雲岩云：道光間胞伯繩武因事抵潮州，卒於郡城。聞信日有鄰人過訪，語以故，堅不信，曰："吾昨於前村見其越嶺而去，相距尚遠，不及接談。疑其自郡歸來也。然則某所見者果伊誰也？"問所著服色，則與卒時相符，乃知所遇即其魂也。又雲岩從弟檀章於役贛州，旋卒。其家令族人往探，果然。族人歸，將抵家，登舟渡河，舟子爭曰："爾兩人，給一人值耶？"族人辨其無。舟子指其身後曰："此人非耶？"回視則無。覩問其狀，即檀章也，所云服色亦與生時同。觀此則異鄉流落，鬼亦深悲。爲人後者，能無惻然也耶？

朱竹垞先生嘗戲集古人男女名爲酒令，如大白小青、無咎莫愁、灌夫漂母、武子文君、東野西施之對，皆天生對仗。又嘗舉古人名可對者，鄭虎臣沈鱗士、蔡興宗崔慰祖、吉中孚温大有、杜審言蕭思話、韓擇木李栖筠、蔡有鄰徐無黨、鄭櫻桃郭芍藥，亦極工穩。余亦戲集古人爲對，并録之，以資一噱：郭子儀江公望、史萬歲張九齡、辛棄疾霍去病、孫白雞祁黄羊、曹弗興程不識、李仙鶴張野狐、周三畏田八能、直不疑何無忌、韓擒虎鄒應龍、任伯雨楊子雲、楊辟邪王鎮惡。

大埔李芝山如蘭家貧，好讀書，尤精星命之學，嘗自謂道光丙午科必登鄉榜。是年届秋闈，將赴試，苦無資斧，遂以幼子質銀十餘兩，毅然往，果領鄉薦。返家始贖其子歸。論者謂以骨肉之愛，易不可必得之名，其天性似近於薄。然其推算之精，可謂一時無兩。按康熙間，汪東山先生繹精理星學，自謂某科必中狀元，嘗自題其燈籠曰“候中狀元某”，人多笑之，至期果然。

潮州紅頭船，由海道運貨至上海、天津等處。相傳船皆有神，凡造船時，其家無論人畜死，即爲船神。神藏形船中，不數見，見者多吉。大抵如青蛇之類。若船爲女神，則相戒不敢赤身入艙，犯輒頭痛。其時死爲婦女，船即女神云。或置雞子數十枚，神啖之，則雞子中空矣。潮人呼神爲船主，謂神之隱見係乎船之興廢云。吴志伊光署言。

同治三年六月，江南平獲僞金印一，上之朝廷，付軍機處收藏。次年檢尋，忽失所在。初疑蘇拉，凡在内供役無職之人名曰蘇拉。刑訊無迹。後乃知章京薩隆阿所竊也。搜其家，金尚存。按律擬絞。或疑薩爲郎官，家亦非貧乏，乃以盜竊之行，自罹法網，不知是何宿孽？文小江云："聞此人少孤，遺業皆蕩盡。叔某欲嗣爲子，車馬衣服悉周給之，遇事輒加約束。薩憾之。一日市藥，潛置其叔家飯甑中而去。覺之，幸不爲所害。"然則薩之取死無[①]非關夙孽也，孰謂天道無憑哉？

偶於友人扇頭見所書閨中曲，詢爲浙江張麟洲明經作，其詩曰："夫壻天涯去又匆，門前楊柳綠濛濛。柔條踠地閒無事，不爲游人絆玉驄。""别酒難斟婪尾杯，迎春又見送春回。東風未必無心住，可奈聲聲杜宇催。""冰肌玉骨自清涼，素面何須借粉香。穿得好花當臂釧，晚來新摘小南强。""金鳳研成别樣紅，綠麻新剪裹春葱。莫教臂上痕狼藉，女伴無端説守宫。""幾層繡閣淡烟遮，認是東隣阿姊家。郎去不來秋又暮，隔墻紅出錦城花。""鏡臺次第卸殘粧，銅漏聲中秋夜長。低捲珠簾望明月，不知鬢上着新霜。"旖旎風流，惜所録未竟也。

① "無"字爲增補。

袁簡齋《新齊諧》有《控鶴監秘記》一則，語極穢褻，或疑爲簡齋自撰。《舊唐書・張易之傳》：唐武后時，朱敬則疏云：陛下内寵有薛懷義、張易之、昌宗，固應足矣。近聞尚食柳謨自言其子良，潔白美鬚眉，堪充宸御；左監門長史侯詳自云陽道壯偉，堪充宸内供奉。無禮無義，溢於朝聽云云。淫褻之詞，至形諸疏牘，宜葉石林以爲穢史也。

堂兄慎夫言：向游武夷，從山下望半山，穴中有木板，似朽船，又似橋板。心竊疑之。此地人迹罕到，居人云相傳昔人避洪水，乘船到此，水平時船不能下，其朽木得之可治心病云云，頗疑其妄。後見《隨園詩話》亦記此事，但云望似橋板梁柱，大小千百根，差參堆架，爲稍異耳。

從弟紹堂云：少時見鄰家有四足雞雛，其兩足微短，餘俱無異。同治丙寅春，京師廠甸即琉璃廠喧傳有三足雞、六足牛。余往觀之，雞尾間多一短足，亦彷彿形似而已。牛頸旁復垂兩足，長尺許，不及地。觀者嘖嘖稱異。按《消夏録》載獻縣有牛産麟，紀文達謂麟非牛種，犢之鱗而角者，雷雨時蛟龍所感耳，不足爲異也。又凡物感雜氣而生，或多頭足，如人手足之有枝指，亦不足爲異。此雞此牛殆得氣之雜者歟？憶道光間吾州來一乞丐，頭禿，眉眼俱無，口鼻僅有一竅，聲呦呦似嬰兒，後不知何往。又鄰人某生一子，有肉無骨，不能坐立，亦不能言，四五歲竟不育，此又不知何所感而生也。

安徽鮑達夫，初名惪，字功枚，後以字行。嘗語余曰：昔己未鄉試前，曾夢至一處，偕衆人看榜。前一榜無名，後一榜見鮑功枚三字，心疑此係别字，不應書榜上。旁一人指謂曰："此是汝名，切記枚卜功臣四字可也。"又疑前榜無名，此當是副榜。其人曰："汝是二榜上人，何必多問！"姑諾而退。醒後述其事，皆以爲異，遂易今名。是科領鄉薦，壬戌成進士，服官農部，方悟二榜之説。由此觀之，數皆前定，彼役役者，奚爲耶？

達夫又言：其鄉某生喜讀書，而性乖僻，於世落落難合，雖家庭之間，亦多齟齬。臨終自作輓聯云："此去何之，嘆半生富貴功名都歸雲散。這回不算，願來世妻孥子女切莫雷同。"亦可見其生平矣。

邵傳岩農部夢善言：湖南某地有旱鱔出地畝中，誤食之，其人睡夢中四肢無故長大，惟頭如故，喚醒始止。周帥天爵督師兩湖時，選用强大多力之人。有兄妹二人同至，其人高丈餘，身大數倍於常人。後察其無能，亦未録用。據云少時曾食旱鱔，故至此云。按岳亦齋《程史》：淳熙間，姑蘇有民家姓唐，一兄一妹，其長皆丈有二尺，里人謂之唐大漢。不復能嫁娶，出則傾市從觀之，日啖斗餘，無所得食，當時謂之人妖。與此二人正復相類。

廣西養利州有山産石，婦人臨蓐握之，輒易産，故地以養利名。李酌山曾攜其二，余得見之。石色如鐵，雄雌各一。雄者形方如印，雌者石角含一小石，土人謂爲石子。凡握此石，左雄右雌。酌山云此石伊曾試驗云。

鍾少峰毓奇言：道光間某公在京師，眷一雛伶，後自縊於圓通觀。遲數載，有某甲嫂叔同居，叔嗜賭，得資財輒盡，日與嫂口角相爭。會清明日嫂往上墳，叔潛入内室，欲搜其囊篋。有頃聞車聲至門，倉猝不能出，遂匿户後窺之。見嫂入室，形容慘澹。忽一少年尾而入，疑之。然少年無一語，嫂亦若爲不知也。未幾嫂忽攬鏡梳粧，粧訖旋繫繩梁上，作投環狀。駭極驚呼，鄰人驟至。少年隱入壁中，視壁間有人影，恍惚繪像。後一人指謂曰："此非昔日圓通觀之某耶？"言未幾，影即滅去。據此則縊鬼求代之説，似乎不謬，然某公已爲情死，而又必求代，何也？

少峰又言：其鄉某甲誤殺人，遣戍[1]，後遇赦歸，仍怙惡不悛。會鄉中演劇，甲往觀。忽聳身登臺，口喃喃

---

① 戍，原訛作"戌"。

作訴冤狀，竟拔刀自刺死。驗其傷，與向所殺人無異處，亦一奇也。

湖南湘陰某乙，爲人傭工，其婦已有娠。乙歲暮時歸，與主人約燈節後再至。届期婦尚未臨蓐，乙留錢數千，倩一鄰婦照料，仍自出傭工。後産一子，十餘日矣，傭婦覓錢，已失所在。語侵鄰婦，鄰婦怒指天誓曰。傭婦亦自矢曰："如相誣，此子合死。"次日鄰婦抱幼兒，暗以針入顖門，兒啼不止，旋死。會傭婦弟至姊家，令攜往曠野埋之。有犬尾其後，甫掘土，犬即卧其中，令不得埋。再掘，亦如之。時雷雨交至，急以薄土掩之而歸。次日往視，則鄰婦遭雷擊，跪兒墓前，而所埋兒土盡露，視顖門有一針，拔之遂呱呱泣矣。乃攜兒歸，後竟無恙云。張伯良言。

廣西曾祥堦孝廉履謙云闈中題紙能避邪，余不之信。祥堦云："此事余曾試驗。昔家居時，有鄰人婦臨蓐，難産，勢極危迫。從人乞一闈題紙，甫至兒即産，母子皆無恙。"此物有何靈異？殆信之已深，而效亦歸之耶？又云：桂林羅辰善畫墨水龍，其價值百金。懸之室中，能避火，亦有人試驗云。

胡旭齋日初駕部言其家有傭工嫗，一日偶見其獨立門外，若與人絮談狀。詢之，自云向在都城隍廟當差，頃有鬼使來傳，明日當去矣。問何時回，曰三日後便歸。因扃一室，不令人入。嫗卧榻上若熟睡者，不語亦不飲食，惟時起吸烟，吸已復卧。越三日，起呼門，始出之，亦無他異。詢所爲，曰："女紅之事耳。"問衣服與陽世無異否，曰："無異，但所用皆紬緞之類，向曾攜一片置袖中，醒後視之，皆紙也。"問彼處亦有飲食否，曰："日亦再食，惟不飲耳。"又云："至親亦偶見之，但熟視若不識，亦不敢認也。"自是月一二次。偶一日謂人曰："昨因漏泄，已受責罰。"袒衣示人，則臂間作青黑色，若受鞭扑者。再詢之，則秘不復言矣。旭齋親爲余言，當不謬也。

婚姻之道，亦難言矣。謂赤繩繫足，數皆前定。至於展轉再醮，即月老亦當無靈。向寓滬上，聞南滙縣有某女嫁某姓，生女而夫亡。因嫁於妹壻，妹壻已有一子，遂締姻焉。此以繼母而兼岳母，奇矣。又三角地方甲與乙婭也，即俗所謂連襟。甲生男，乙生女，甲亡而乙妻亦死，因議以甲妻醮於乙，而以乙女嫁甲男。此以生母爲岳母，更奇矣。尤奇者，瞿家路某娶張姓女，生一子，已娶媳矣，而張某喪耦，媳思翁娶後姑，必多未便，母正新孀，不如配於翁之爲得也。商諸翁，翁首肯。女因設計賺其母來，强留信宿。一日鼓樂喧闐，擁出交拜成禮。群謂親翁親母，居然雙宿雙飛矣。事見《申報》。此事雖不知真僞，録之亦足資噱噱也。

卷　四

吾州廖檢討漸逵少習儒，尤精堪輿之學。潦倒不遇，嘗獲一吉地，自謂二十年後必得詞林。時廖年五十餘，尚應童試，人皆笑其癡。後十餘年始得補弟子員。覆試日，學使見其年老，册中代增十歲，次年循例欽賜舉人，又明年欽賜檢討。廖語人曰“自幸眼力不差”，聊以解嘲耳。

余家有婢，偶赤脚誤爲針刺入，脚底痛不可忍。有人教以火藥、蒼蠅搗飯粘敷之，針拔出，遂愈。

竹刺傷手，取臘燭油塗之即愈。李謙山云用火藥研細末塗患處，力能拔刺。

鍾遇賓云：凡刀斧跌打損傷，血流不止者，用龍眼核亮乾去瘼，研細末糝之，立止。又方取爐竈中熱炭，研末敷之，亦效。

李卓山云：治夢遺症，用生烏豆七粒，淡鹽湯下。每日加七粒，至七日後，日服四十九粒，約一月可全愈。陳仁齋大令傳方云。

周鼎卿太史冠言：其鄉某公宦成歸里，求田問舍，備極經營。偶一夜，有偷兒入室竊堂中物。忽訇然一聲，衆驚視之，偷兒昏暈倒地。呼起問之，云適見一人，猙獰可畏，以手擊我，遂仆地，不知其爲狐爲鬼也。家人欲遷避之，某公不允。然自是其家珍寶皆扃置此室，無敢入者。後某公死，偷兒復入室，盡竊之。家遂貧，卒貨其室，今子孫皆式微矣。紀文達有云：蕭然寒士，作宦不逾十年，而宦橐數萬，毋乃致富之道有不可知者在乎？某公所爲，得毋類是？

同治丁卯順天鄉試，有孫生者，直隸人，適與素識某生同舍。次日某詣孫所，猶倦卧。詢作文未，曰未也。後復詣之，對如故。是夜三鼓，聞號外有詢孫生者，某聞遽應之，曰孫生耶在某號，其人稱謝而去。某頓訝夜深此何人，掀簾視之，見一婦逕趨孫舍，大駭，懼有他故，急起詣孫所。至則一燈熒然，見孫面壁疾書，知無恙，寂然歸。遲明過孫，仍熟睡。呼之起，詰夜間狀，孫力白其無。展卷則三篇已完，不知何時填就，孫亦驚疑。某告以故，且曰："子當獲雋矣！"榜發竟下第。或曰孫出闈，友人僉詢是事，孫以謊語應之。次場見此婦，謂孫曰："吾將助子成名，輕薄子出言如是，尚何望哉?”孫追悔無及。此事雖不知相報之由，然亦可爲儇薄者戒也。

《隨園詩話》曰：染鬚似非高人所爲，然司空圖唐季忠臣，其詩曰“髭鬚强染三分折，絃管聽來一半愁”，可知此亦無傷於雅士。按此事不知始於何時，考《漢書·王莽傳》云：“莽聞之愈恐，欲外視同示自安，乃染其鬚髮，進所徵天下淑女杜陵史氏爲皇后。”則自漢時已有之矣。

潮州林務堂總戎本爲白蛇托生，每大醉輒見形。其前妻偶見其形，驚悸昏暈，竟不起。來京寓福來店，一日醉寢，同寓者自外歸，見一蛇在院中，衆驚逐之，入室中，遍覓不見。後與務堂言之，務堂亦不自諱。古梅汀大令言。

吾州土瘠民貧，風俗勤儉，無貴賤皆讀書識字。村童入塾，每歲束修不過斗米千錢，往往年終束脯不清，則塾師質其物不肯還，傳爲笑柄。按《北史》：賈思伯與弟思①同師事北海陰鳳。業竟，無資酬之，鳳質其衣物。時人爲之語曰“陰生讀書不免癡，不識雙鳳脱人衣”云云。然則塾師質物，其所由來者舊矣。

---

① 思，原作“師”，誤，見《北史·賈思伯傳》。

前記關帝廟《畫竹詩》，後於厦門復見二幅，每幅各十字，共五絶一首云："英雄淚難禁，點點枝頭雨。大業修不易，鼎足勢如許。"筆力遒勁，詩亦有鬱勃氣，合前共成四幅，後幅有數人題跋，不知從何處得來也。

邱雲岩即翰臣言：母舅某述其客汴梁時一事，有同鄉黄省者，向在汴梁貿易，寓客店樓上。店素有狐仙，一日傍晚下樓，梯忽蹴一物，似貓，燭之，狐也，憊若困酒狀。黄不忍傷之，急移至無人處，縱之去，祝曰："子困酒而當道，是自戕其生也，後勿復爾。"遂去。次晚下樓，復於故處蹴一物，則磚也。將移他處，忽露一白物，取視乃元寶一錠。黄悟爲狐報恩。後持此銀貿易輒中，竟因此小康。某曾親見之，此事甚確云。此與《姑妄聽之》所載王洪生獲一小狐，"引至榻上，哺以果餌"相類。然彼則縱之以釋怨，此則縱之能報德，天下事不過情理兩端，狐亦何遽異於人哉！

又言：大埔有地名安樂渡、虎頭沙，皆渡頭也。向未設官渡，過客至，舟子需索無厭，來往苦之。嘉慶間，福建永定客王某，嘗由永定至大埔貿易，目擊艱苦狀，曰"吾他日小康，當設二渡濟人"，後竟如言，遠近感之。王後生二子，長習文，次習武，道光朝一爲江西樂安令，一爲虎門千總。王猶及見之。人皆知爲設渡之報。《大埔縣志》曾載之。

張蔭南言：興寧曾茂才，乃翁好善樂施，曾造一橋，延某先生爲作序。時茂才年尚少，愛其徵引繁博，嘗熟誦之。比游泮日，試題爲《徒杠成》，人謂其得橋序之力居多。此與永定王某事亦相類，天之報施善人固若是乎？

庚申南旋，抵湯陰，謁岳王廟，晚宿旅店，壁上有《題岳廟》七絶十餘首，讀之痛快淋漓，可驚可愕，兹録於後："百戰心兵運用奇，孫吴舊法豈堪師。千秋一箇宗留守，此外知公更有誰?""雲雷皋憲總桓桓，望見旌旗賊膽寒。勇絶背嵬軍五百，撼山容易撼他難。""苦把周宣望靖康，燕雲唾手只尋常。九哥笑謝卿休矣，怎處生還兩上皇。""兩河豪傑淚紛紛，痛飲黄龍事莫聞。太息小朝廷草草，那能消得岳家軍。""長城自壞一軍哀，涕泣金牌十二催。要識南朝君與相，兩人都自虜中來。""五國金環寄摠空，格天宰相要和戎。傷心三字莫須有，縛虎如羊竟殺公。""莫道精忠有大冤，將軍地下眼猶懸。兩宫不復中原陷，臣罪當誅敢怨天。""半壁江山涕淚多，十年忠憤委風波。魂歸若遇朱仙鎮，也自聲聲唤奈何。""片紙爰書反覆看，當時疑信出同官。韓王大哭張王笑，一樣中興上將壇。""中朝宰相不同情，算敵何如敵算精。叩馬道遮金太子，是何狡猾一書生。""階前泥首面生塵，一笑秦城氣不春。白鐵有知還叫屈，嗟何不幸鑄奸人。""碧血萇宏死詎甘，湯陰父老恨猶含。忠魂長寄祠前樹，風起枝枝總向南。"款署"石琴"，傍有小字云："此詩見袁簡齋集中，早已膾炙人口。”石琴何人？乃托爲己作乎？檢袁集觀之，并無此作。姑記於此，以質當世之讀袁詩者。

鎮平林公孔焕偕伴赴春闈，抵山東某邑，將渡河，見一婦臨河涕泣，狀欲赴水。林詢其故，婦云：“夫負債不能償，欲覓一死。念身中有孕，是以悲耳。”林惻然，遽解囊付之，遂不與試。婦詢姓名，告之而別。人咸笑其癡。抵家，適足疾，歷數科未赴試。雍正癸卯科始北上，入場後適病，草草完篇，撫膺自嘆。時尚未謄真也，同舍一少年過而問之，并詢籍貫。曰：“余粵人。”少年曰：“粵東有林先生孔焕，君知之乎？”曰：“即余是也。”少年遽下拜曰：“是我恩人也。”驚詢之，少年曰：“我畢誼，山東濟寧人，君當年救援者即我母子也。”言已感泣。因索林文觀之，謂林曰：“君文雖佳，但不合時宜。”遂代林點竄數處，林大驚服。是科林獲雋，以知縣即用。畢中會魁，入詞館。林出京，畢强邀偕歸。至其家，呼家人出，環拜之。林見堂上設長生禄位牌，力辭之。留連十餘日始去。後林改就教職，任潮州海陽縣教諭。

嘉道間江南鄉試前，有士子某夢至文昌宫，視粉壁左右署“見幾”、“避禍”各二字。潛入，見諸神環坐，同閱本科解元文。某藏神後，竊觀首題爲“色斯舉矣，翔而後集”，因默識之。有頃神覺之，叱曰：“此惡人，可取心去!”某驚走出，遽醒。私念夢中文猶歷歷在目，伸紙疾書，一字不訛，自謂夢若有憑，不作第二人想。及入場，試題皆符所夢。喜極，卧而熟睡。比醒，則苦憶不得一字。欲另作三篇，而文思窒塞，竟日不成。自慮曳白，喟然太息。適同號一生已完卷，聞太息聲，詢之，某告以故。因索其文觀之，甫閱破承題，賀生曰：“此余夢中解元文也。”掩卷默誦，毫無差謬。生曰：“如子言，君亦當中亞魁。”神所謂惡人去心也，某恐時迫。生曰：“神示君矣！何不以‘見幾避禍’作文骨乎?”某頓悟，一揮而就。榜發果中第二，解元即隔號生也。此事邱雲巖聞之江西劉公朝昇，當時曾舉其名，雲巖忘之。劉瑞州，高安人，壬戌進士，爲四川令。

夫婦以人合者也，《傳》曰：“佳耦曰妃，怨耦曰仇。”昏姻之事亦多故矣。吾州茂才某娶婦數年，夫妻偶反目，竟至仳離。父母諄諭之，亦不聽。或詢其故，茂才曰：“吾亦不自知，但覺無一事令人憐耳。”後其母囑女巫以術禳之，夫妻遂燕好。未幾復如故，然自是其妻有孕，遂生一子。終其身夫婦不復交一語。《閱微草堂筆記》有李生者，夫婦最相愛，結縭十載，始終無一月共枕席。其後遭亂分離，樂昌之鏡，竟不復合。此或夙緣已盡歟？抑別有因果歟？若某茂才者，儻所謂怨耦者非耶？吾烏得起月老而問之？噫!

道光戊申，全小汀學使按試潮州。時大埔茂才張星曹薇，後成進士，爲福建令適丁外艱，不能與試。偶與同人共扶乩，降壇者即星曹父也。衆詢在冥司作何事，乩判曰："爲森羅殿文籍吏。"問掌册籍，當知人世功名，本科漳溪有進庠者否？星曹世居漳溪。判曰："無。"又問本科選拔何人，能預知否？判曰："張君益華、吴君集熊也。"衆疑選拔不當有二人。是年吴君科試一等，招覆前録文呈某前輩，爲點竄數處。次日復試，學使者出吴卷，摘其疵，使塗改。吴遂以點竄處易之，學使色喜。比選拔，縣學張益華，府學即吴君集熊也。張瑄生云。

年大將軍征青海時駐師某地，盛夏炎熱，令麾下覓避暑地。聞距營數里有古寺，境頗清涼，但夜有怪物，人不敢居。年遂攜提鎮二人、幕友一人往宿。四人同寓一室，解衣就榻，鼾睡如雷。惟幕友不能寐。入夜陰風颯然，一物自外入，雙眼睸睸有光。先據鎮軍榻吸其氣，旋聞鼻息稍微，未幾寂然。又就提軍榻，亦如之。某驚不敢呼，以被蒙首，似聞物伺榻傍，有頃遽就大將軍榻。某正疑懼，見年忽起坐，鼻中吐白虹長數尺，嗥然一聲，物遂不見，旋復就寢如故。次日起視，則提鎮二人皆死矣。詢年夜間狀，則并不自知。此不知是何妖魅，又不解其何以致敗也。或謂年乃白虎托生，故妖物不能傷。余曰是不必然。大抵氣焰方盛，則百物不能攖其鋒。當是時大將軍奉命出師，方欲掃穴擒渠，氣吞青海，尚何殀物敢與相觸哉？《太平廣記》載夜叉欲啖哥舒翰，起擊之，野叉逃散，亦此類也。

道光間，大埔邱惕甫先生建猷有傭工邱棠華，家貧，篤於夫婦。後其妻死，棠華頗傷感。一夜方寢，夢中若有人同宿，驚視則其妻也。不言亦不笑，形狀如平時，但偎傍之間，覺冰冷似鐵耳。如是數夕，棠華窺其無惡意，復相燕好。詢以家事，不語。自是晝隱夜來，殆無虛夕，閱二月始寂然。同輩皆知之，棠華亦不自諱。《消夏録》有青縣農家少婦事頗相類，但彼則燕婉如平日，此則有形而無言，未免稍異耳。邱雲岩言。

天下事一理而已，然理之所無，或爲事之所有。狐鬼，陰類也，出入無礙，能變化形質耳。紀文達謂狐能化大爲小，不能化有爲無。人有形質，匪惟不能化有爲無，抑且不能化大爲小也。少時見耍戲法者，持一酒壜，口僅數寸，有頃則人入壜中，是人亦能縮形矣。或謂此有障眼法，説亦近是。又聞狐鬼魅人，能使人從門縫窗隙出入，或置人於極小箱櫃中，是不惟能化其形，并化人之形矣。鬼晝隱夜見者也，吾州己未之變，殉難者無數，事平後親朋往往有白晝遇諸道路，或竟晉接言語者。如楊左卿、古藍二之類，皆有親見之者。宋儒事事據理而言，此理又何説歟？六合之外，聖人存而不論。即六合之内，亦當有存而不論者。必據一偏以爲是，則拘泥固執，鮮有不僨事者也。是以聖人多聞而闕疑。

光緒四年，晉豫大祲，樹皮草根食盡，市有鬻人肉者，聞者傷之。有安徽甲乙二人，素販鬻人口。相約攜銀百餘，至河南，沿途道殣相望。後至一村落，入店索食，答曰："此間無米麵，但有膏粱可食耳。"甲乙相顧喜，謂此地販人價必賤，可獲重利矣。遂宿於此。黄昏時有二人至，與店東絮語良久，似聞爭貨價，久之始定。日已暮，聞有呼往殺人者，店主諾而去。甲乙聞之大駭。時爨下一人，試詢之，亦徽人也。問何故殺人，曰所買之人殺之以供口腹耳。因詢甲乙到此何爲，以實告。其人驚曰："適主人已以二客出賣定價矣，頃所議即此也。"甲乙聞而大哭，因求救。其人俯首良久，曰："俟主人至，傾囊贈之，或可冀免耳。"有頃店東至，其人爲之緩頰，且曰："二人願傾囊贖身，其可乎?"店東曰："是已定價，不可悔也。且此處不殺，適足爲他人口腹物耳。"甲乙因哭求，其人亦從旁慫慂，乃舍之。夤夜逃歸，自幸再生，舉以告人。余謂甲乙忍心害理，乘危取利，即不幸而竟供刀七，亦所自取。財去身存，已爲大幸。此可爲世之舍身貪利者戒矣！

晉豫大祲，朝廷截漕、發帑、減膳、求言，中外觀感，各省紳民設法捐助，不遺餘力。嗣聞有因病起愿助賑而病旋愈者，如蘇州桃花塢謝氏所紀，更僕難數。報應之機，可謂捷於影響矣。或曰："此神道設教之意耳。據此以爲報施，天道不若是之褻也！"余曰："爲善獲福，此理確然不誣。夫水旱饑饉，彼蒼隱留其缺陷，使非盡人事以補救之，則靡有孑遺。造物亦有所不忍，全人之生，即以自全其生，安知非天故示其端倪，而使人知所警省乎？"或又曰："如子言，則京師因辦賑而隕其生者，如謝編修維藩諸人，則又何説？"余曰："京師瘟疫，死者無算，此數君者獨能上邀旌表而名留邑乘，較之身死而名磨滅不彰者，已有霄壤之别，則天之報施善人，未嘗不厚也。"因書此以質世之知言者。

喜怒哀樂發而皆中節者，聖人也。下此則喜怒不得其平者，多矣。然喜而笑，怒而駡，人之常情也。即有大度包容之人，喜怒不形於色，亦祇不施之笑駡而已，未有笑駡而不本之喜怒者也。曰有之，彼娼妓倚門賣笑，非真有所喜也。李義府一笑則傷人，人謂之"李貓"，是以笑藏其怒，更非有所喜可知也。乃又有駡而不出於怒且駡，而人亦不之怒者，如京師之茶園，尤可異焉。茶園者，觀劇之所也。園之中有守門者、賣座者、查堂者，各職其事維謹。此外有環立四隅而終日矢口謾駡者，説者曰此爲驅逐閒人而設也。駡者無怒容，受駡者亦無怒容，謂其本以駡爲職也。嘻！異已。吾聞劉四駡人，人終不恨，彼豈其苗裔耶！何其一無所事而以罵爲事耶！某年月日自茶園回寓，書此以博同人一笑。

吾州何惕菴先生其聘云：治難産，用黄紙硃書“城隍到此”，在省加“都”字，在府加“郡”字，將此紙搓小團，以茶送下，立産。生男則符在左手，女則符在右手。取出，洗淨晒乾，焚之。按此事殊怪異，卒未一試，不知其驗否也。

吾州某甲，性佻蕩，好狹邪游，日與蜂媒蝶使爲伍。偶有目成，即誘至城隅静處一小館，相與歡會。或竟日淫樂以爲常，人莫之知也。館有一老媪主其事。一日媪走告甲曰：“適有一新婦至，盍一往觀乎？”甲喜甚。比至，則婦爲人招去。坐而待之，日已暮婦始返。甲急出視，則其女也。女見父羞赧，即遁去。蓋此女嫁至外鄉，媪不知爲甲女而誘之也。甲愧，怒責媪。媪謝以不知。甲愈怒，將飽以老拳。媪曰：“子毋然！子淫人婦多矣，今日之事，是天所以報也。子不自責，而徒責人乎！”甲無辭，亦羞愧而遁。自是始稍改行云。聞者快之。

鎮平鍾遇賓比部孟鴻工詩文，書法天懷高曠，議論和平，浮沉郎署廿餘年，澹如也。余嘗見其偶成二首云：“達官動高寄，苦羡漁樵仙。詎知漁樵人，羡官更流涎。二者潔懷抱，似判愚與賢。其實出位思，均之無取焉。

何況羨漁樵，尚非心中言。”“生年不滿百，常懷千歲憂。生年若滿百，厥憂當萬秋。天公最仁愛，不忍見人愁。無計使少息，促之歸一坵。人能坦坦然，人天皆自由。”又《阿嬌怨》云：“入宮雖早不如遲，遲者歡新早色衰。出身雖貴不如賤，貴者抗顏賤柔面。永巷年年盼輦塵，從來直道仗斯民。黄金不買無詞賦，天下憐才果幾人。”《婕妤怨》云：“炎熱忽涼飈，懷袖已篋笥。生不合時宜，只合長棄置。昭陽日影羨飛烏，團扇之圓已破觚。頻頻拂拭齊紈素，未肯纖塵霜雪污。”《明妃怨》云：“三十六宮春色帀，孰是名花孰敗葉。畫師負君王，君王不負妾。妾貌原非毛與西，畫師訝妾千金姿。求金正謂妾身重，妾自輕身將怨誰。”自注云：“古今詩人喜擬此題，戲亦效顰，不必有所指托也。”可以想其懷抱矣。

乾嘉間，某省孝廉下第，後窮不能歸，會鄉人有自京回南者，孝廉以會試回文托其攜歸。舊例各省會試舉子，朝廷有恩賞水脚銀，由藩庫給領，尾數俟會試後回文到日補清。鄉人至中途病歿，旅舍館主報官詣驗，檢行篋中有回文，知爲會試舉子某，據情詳報，即以回文咨部。孝廉寓京年餘，某縣令延爲西席，偕出京數年。稍有餘囊，復赴京會試。投卷時禮部查出此名已於某年在某處病故，不能再試。懊喪而歸，人謂之活死人云。

壬戌正月過朱仙鎮，謁岳忠武祠。是夕爲元宵節，階下有人以大瓦缸作竈二，上肖像爲秦檜夫婦，赤體反接，五竅皆空，其下用柴火燒之，前後竅皆出火，有聲烏烏然。孩提拍手歡呼，繼之以罵。按岳墳鐵像，明正德八年都指揮李隆鑄銅爲之，乃秦檜、王氏、万俟卨三像，反接跪墓前，久被游人撻碎。萬歷中按察副使范涞更鑄以鐵，而添張俊一像，惜乎今没王氏、張俊矣。然今墓前又仍有四像，不知何人更鑄。又有同知馬偉取一檜樹，析幹爲二，植岳墓前，號“分尸檜”，見《涌幢小品》。今湯陰朱仙鎮岳廟皆有鐵鑄秦檜等像跪廟前，可見直道在人間，千古不泯。

道光間，鎮平白泥湖邱姓與某鄉械鬥。邱雇潮州鎗手二百人與鬥，某鄉懼而求和。而所雇鎗手需索多方，不能散遣，因分住同姓各屋，日供飲食之費。繼而鎗手乘機攘奪姦淫，無所不至。邱姓恨之而無如何。有獻“天花井”之策者，遂一夜聚而殲之。天花井者，某山下古井也，其深莫測，昔有投井者，尸無可覓，鄉人以大石蓋覆，置祠於上。是夜舉二百人悉投井中，無一脱者，聞者冤之。《閱微草堂》載有人患狐祟，延術士禁咒。狐去而術士需索無厭，其祟更甚於狐云。紀文達謂“鋭於求勝，借助小人，未有不遭反噬者”，觀此可以悟矣。

江蘇許君翰，香平湖之下浦人，風雅能詩，性耿介，遲暮未娶，年已六旬矣。同里有沈氏女，守貞不字，年亦與許君同。有友人聞而喜曰：“此真天生佳耦也。”因爲蹇修以成之，擇小春十日爲合巹之期。明日同人爲慶花甲雙壽，贈詩者甚多，詩録於後：“結縭正值杖鄉時，梁孟當年未算奇。杯酒合歡應一笑，龐眉今日始齊眉。”“生居同里又同庚，底事青春未結盟。留與人間作佳話，白頭雙拜聽吹笙。”“芙蓉花老月初圓，鏡裏風情壓少年。莫怪冰人遲撮合，前生注定此姻緣。”“今夕洞房花燭艶，明朝海屋壽筵開。遥知雪點麻姑鬢，定有文禽舞綵來。”按此事從古所未聞，誠千秋佳話也。

蘇垣齊門鄉有老翁年八十餘，家饒足而無嗣。嘗買妾一人，載以歸家。詢係夫死，有子女兩人，俱幼，緣喪費未了，爲奸人脅誘，遂致奪節。翁聞慨然，乃不索身價，還其文券，令婦撫育孤雛，并月給薪水，以資食用。嗣又納江北縫婦之女，年二十許，女有癱瘓疾，人多勸之。翁曰：“年輕女子，誰肯嫁白頭翁？轉眼便爲嫠婦。此女無處適人，但使飽食暖衣，隨我當可無憾。”遂娶之。不數月而孕，次年孿生兩男。咸謂翁之獲嗣，實由完節之所致云。

蘇胥門内養育巷某姓家姑媳向不睦，後媳頓作狂疾，喜笑怒駡，非復本來面目。一日握管作七律一首，其詞曰：“好姻緣變惡姻緣，蕩婦身爲蕩子捐。慾海幽魂沈黑獄，廬山真面問黄泉。是非結待今生解，生死冤猶宿世牽。幾度尋君君不見，春秋四十路三千。”家人見詩，詢其顛末，始知媳係前生蕩子，而鬼爲前生蕩婦也。自是禱藥無效，乘間欲覓死。有時或按板度曲，音節清蒼。此媳素不知書，亦不諳曲，今爲冤鬼所憑，風雅乃爾，亦奇。此二則俱見《申報》，因有關勸懲，備録之。

《銀釧獄》一篇，向聞爲楚北棗陽吴姓女子作。嗣閲《餘墨偶談》，知此詩爲李香雪都轉映棻所著，其詩曰：“郎無行，妾薄命，父母誡郎郎不應，妾身未嫁淚流盡。堂前父母贈郎衣，暗脱銀釧爲衣縢。妾心苦，郎性癡，釧藏衣中郎不知，以衣質庫庫疑之。官惡盜賊，不容置辭，血肉狼藉千杖施，不愁打折鴛鴦枝。郎尸僵，妾眉鎖，父母慰兒兒計果。我不殺伯仁，伯仁死由我。斷送梁間花一朵，花生不同衾，死同穴可。吁嗟乎！女之生，心何深，牛衣風冷愁藁砧。女之死，氣何烈，鏡臺慘淡鵑啼血。化石磨笄風并古，箜篌徒唱奈何語。地下逢郎却羞郎，哭説銀釧儂誤汝。當時縣官伊何人？噫嘻汝亦有兒女！棗陽三年天不雨。”嗚呼！此人此詩，足以傳矣！

狐仙之説，如《聊齋》所誌，人皆以爲寓言。余寓京日久，亦未聞有某宅遇狐仙、某人見狐仙之事，惟目擊一事，或以爲狐仙，似乎近之。時余寓宣武城南會館，是日館僮與鄰人數童相毆。天甫黑，忽有瓦磚從鄰舍來，館中人謂鄰所爲也，群叫罵之，旋止。更後忽數磚飛來，久之不止，館中人返磚擊之，已而四面皆至，察之似非從隔院來者，門窗户牖，觸之皆破。或曰：“此狐仙也。”鄰人有聞聲來視者，亦曰：“此狐仙也。”於是館僮跪而禱之，未幾寂然。次早遍覓之，絶無蹤迹，自是亦無他異。

前記徐孝廉自宫事，有謂孝廉此舉蓋有孽緣，云先是徐淫一婢，已有娠，父責問婢，婢以徐對。徐畏父嚴，不敢承。父怒甚，婢懼自縊。後徐如厠，婢見形責曰：“汝以情誘我，事敗乃諱其過，致令我死。余因汝家有厚德，不能取汝命，然不能宥汝也。”徐昏迷間自取小刀宫，下體血出倒地。家人尋至救醒。後雖無恙，而終身不能御女云。[①]

① 是段上有批注：“此父何其不善於調停，致生死皆有憾，拘迂之見貽害後來世間人往往不少。”

卷　五

吾粤雷州陳清端公瓊，字文焕，號眉川，海康人。康熙朝以清節震海内，人比之海忠介公，《國朝先正事略》備載之。有逸事一則，今并録之：公寓海濱，家苦貧，饔飧不給。少讀書，刻苦自勵。太夫人至海岸取海蛤以佐飧。海邊有大風，每歲輒有因風墮海者，公以爲憂，力阻勿往，不聽，因不再食海蛤。太夫人仍時往取之。一日公自塾歸，聞鄰婦有取海蛤墮海者，公坐海濱痛哭竟日，蓋慮其母復蹈此也。自後海蛤徙他處，撈者無所得，亦不復往。太夫人殁後，海蛤始復還，人皆以爲孝感所致云。

劉文正公當國時，遇大考，閲卷畢，衆白請中堂定卷。公曰："無須汝諸公，第一人無過是蔣士銓耳。此野才子，不可令弁冕群英，但取首卷改置三等，餘如諸公所擬可也。"拆卷果然。苕生太史自是乞假還山，不復出。

武進黄縣丞仲則景仁居京師，落落寡合，傲然不屑權貴，人莫能招致之。日惟從伶人乞食，或竟於紅氍毹上現種種身説法，粉墨淋漓，登場歌哭，揚袍振袂，旁若無人，大似[1]唐六如、康對山、楊升菴諸公失意時所爲。

庚戌會試，朱蒼嶼太守文瀚元作孟藝有"寸衷黽[2]没孤行"之語，磨勘者大駭，遽登白簡，指斥過當，且自云恭，查《康熙字典》始知"黽没"二字出在《爾雅》。時主試爲朱太傅文正公，語儀徵阮夫子云："昔有浮海者，遭颶風敗舟，至一島，彼處人苦爲鬼所侵，見中國人至，大喜羅拜，乞逐鬼。此人素不習符咒，窘甚，不勝其請，姑爲誦《三字經》，至'馬牛羊，雞犬豕，此六畜'，群鬼駭竄奔散，自後無鬼患。島中人感激，醵金造舟送之歸。每述以爲笑。聞者曰：'中國三歲小兒必讀《三字經》，外國鬼並《三字經》未讀，無怪"馬牛羊，雞犬豕，此六畜"不識爲何物也。夜半深池，殷仲堪能不謂其咄咄逼人耶！'"

甲子鄉試，江南解首爲李申耆太史兆洛，《孟子》"天之高也，星辰之遠也"題，文言及本輪、均輪，幾遭

① 似，原作"如"，底本以朱筆圈出，改爲"似"。
② 此處有批注："黽，音密，猶黽勉也。"

磨勘，賴朱太傅得免。癸巳十三名安詩卷“載華嶽而不重”題，文云“地體最圓，地心最重”，此語出《空際格致》，亦西洋人語也。

乙丑朱文正公總裁會試，先戒諸同考曰：“卷中文義，諸公有不能識者，慎勿遽加紅勒。”及閱卷，果有用“祘”[1]字者，簾中驚傳以爲怪。公曰：“此《説文》所謂‘明視以祘之。《逸周書》：士分民之祘。’是也。”亟拔之，爲讀書者勸。是科題爲“老者安之”三句，吾州李繡子太史黼平卷講下突接《春秋》“王者孰謂？謂文王也”，用《公羊序》，亦公所拔也。

淩仲子先生廷堪少服賈，私竊書讀，不令父知。年二十餘，應揚州曲局聘，修定曲譜及較定金元以來院本。畢，入都，翁覃溪先生見之曰：“才子也！盍應有司試？”淩謝曰：“廷堪年三十矣，素不知八股文爲何物，人亦以其時過後學，勤苦難成，不屑教也。世豈有不能作八股文而取科第者？”翁强以一題，則以三千言文字進。既而翁主順天鄉試，淩下第，翁嘆曰：“命也！”淩後登庚戌進士，出朱文正公門下。阮儀徵師嘗言：“仲子當世禮宗也。”始淩由海州初至維揚，見儀徵師，甫弱冠，大相器重，爲《後大鵬遇希有鳥賦》貽之，後著《燕樂考原》

① 此處有批注：“祘，即算字。”

成，亦謂可與一證斯言者，惟大弟耳，雖容甫衆仲尚在，不能與於斯也。

道光癸巳會試，余卷已以第九人中式矣，進呈前一日始撤去。時總裁爲阮儀徵夫子，榜後進謁，師言：“簾中得卷，億度是汝。曩年謂汝雷霆精鋭，冰雪聰明，良然，難爲汝房師能識得此讀書種子也。所嫌通場株守漢學過甚，前場於許洨文，後場於鄭司農，斤斤不敢失尺寸；又《中庸》‘華嶽’於吴山之岍不能証識；《孟子》‘權’字，於《歷》、《律》、《平準》、《食貨書》不能弗綰；《易》宗虞氏；《春秋》傳《公羊》；而《尚書》義仍不免旁涉東晉《僞孔傳》，當時止位置第九者，正爲賢者責備耳，所以撤去者，《中庸》文用許君所述‘睿く巜歫’一語，人所駭怪，且‘揅’字人不經見，惟我‘揅經室’用此字耳。時曹太傅、邢大司馬俱不謂然。庚戌磨勘，條例具在，人言可畏也。”因述朱文正所言外國《三字經》祛鬼事，又言翁蘇齋先生勸淩仲子應試及翁主順天鄉試淩下第事甚悉，又言朱太傅一代山斗，深結主知，非所敢竊比，即蘇齋學精博絶倫，亦所願學未能。然淩教授終成進士，前事可師也。丙申四月六日，從師乞讀淩君《燕樂考原》六卷，師笑曰：“明日放榜矣，尚有此閒情逸致耶？本朝狀元惟金輔之，出江慎修門下，差强人意，汝不留意何也？”又言曩撫浙時，檢宋人詞數十闋，屬尚衣令伶人譜工尺歌之，不能諧婉悦聽，且多不能作譜者，不解其故。懋建爲陳今俗樂高於燕樂二律，猶燕樂高於古樂二律之故，竊謂若遞升降二律，如横吹三絃用工字調，琵琶用上字調合之，當可合也。師大稱賞，謂前人所未發，使淩君尚在，當引爲同調。右數則俱從吾州楊掌生孝廉懋建雜詩夾注中抄出，詩中多叙乾嘉間軼事，録之亦足資譚柄也。[1]

徐嘯三家舊藏古琴一張，係宋丞相文文山之故物，斷紋蛇皮，古意可掬，琴背有七絶一首云："松風一榻雨瀟瀟，萬里封疆[2]不寂寥。獨抱瑶琴遠塵慮，君恩猶恐壯懷消。"後注云："景炎元年，奉召入都，夜宿青原寺，感懷之作，譜於琴中，識之。"款曰"文山"。聞兵燹後，此物不知流落何處矣，惜哉！

又嘯三言其曾祖别號倚南居士，素與本縣學博王公錫恭交最篤，未數年相繼下世。道光壬午正月元宵後一日，有鄭姓扶乩問休咎，忽有自稱經緯樓土地者，則王公也，題詩云："迂腐愚而嬾，衰殘老病身。生前人笑我，歿後我嘲人。門户雖中落，庭除應早春。家傳忠厚訓，願與

---

① 是段上有批注："樂器同而古今之音不同，歌者非文人，則更不能强同。喉唇雖近，毫釐千里。淩仲子不应揚州曲局之聘，亦不能作《考原》，何也？不讀千賦，其人必不能作賦。楊孝廉真深於樂律者乎！"

② 疆，原訛作"彊"。

世同珍。”又云：“數載棲幽潔，危樓寄此身。香烟今日盛，苜蓿昔時貧。捷足期新進，關心念故人。倚南居士好，同命册爲神。”據此則鬼神之説未必盡屬虚無也。

又言向住桂林城内黄坭井，宅近城垣，有人從城上見宅内老樹下，有紅衣女子旦夕哭泣，踵門相告。徐自念宅中並無此人，不之信。後數日，忽大雨，雷震此樹，疑紅衣女子即樹妖也。後此宅鬻爲雲貴會館。

笏山言：福建某孝子，父在外洋摻舟爲業，孝子年十七隨父行。將歸，父病篤，孝子不敢令人知。洋船例，人死則棄諸海中。孝子父歿，不動聲色，數日後爲舟人所覺，則船已抵岸，因得葬其親。閩人爲建孝子坊。按吾州某姓婦偕夫歸家，中道夫病篤，途中無棺可市，夫死，秘不言，仍供飲食藥餌如故。三日後抵某郡，始爲夫發喪。此與某孝子事略同，皆人所難能者，惜未問其姓名也。

又言伏雨蒼大令作霖，直隸人。由進士官粤西。以清廉自矢，然性拘迂而行多窒礙。署天河縣，道中見男女不分途，怒呼前責之。縣有墟，離城二里許，每數日各鄉來趁墟，男女混雜。伏令作大布帳挂墟中，命男左女右，民以爲苦，卒不行。又以婚禮最重，縣中素無彩輿，因自製四乘，置大堂側，民間嫁娶許借用，不足以所乘大轎濟之。後有爭彩輿而興訟者。又令署中人得人一錢，皆科以罪。月餘跟丁厨役皆散去。自入厨房取食，菜飯皆自爲之。兩造來，即跪竈前判斷，安之若素云。無妻子，死於粤西，身後蕭然。余按，伏□[①]雖迂謹不合時宜，然其廉則不可及。卒至於此，信乎廉吏可爲而不可爲也！

嘉興曹季襄大令咸熙咸豐庚申被寇擄，過鴛胆湖，赴水不死，遂至吴江。有賀君旭堂者，震澤人。先在賊中潛詢里居姓氏，勸令忍須臾死，再作生還計，且謂他日有生機，必與君偕。是秋有同謀出城者。謀甫定，旭堂讓季襄先出，季襄欲與之偕，旭堂曰："事急矣，稍遲則兩敗俱傷，無益也。"季襄遂逃出城。壬戌王師收復嘉定，旭堂亦得歸震澤。季襄感其德，歸後以"迎旭"名其齋，又繪圖，遍徵題咏，以誌不忘。嗟乎！使季襄不得旭堂，則死已久；旭堂而不讓季襄先出，何致遲之又久而後得脱於難哉？噫！此一事也，施者受者俱足以風已！

福建漳州妓小紅橋者，能詩善畫，著有《小紅橋詩集》。七言如"已從世上長辛苦，肯向人間浪笑顰"、

---

① □處底本漫漶，疑爲"公"。

“半生自信骨不俗，一死其如[1]情尚多”皆可誦。後委身李茂才如孚。李館於海澄汪鑑波大令署，紅橋從之。適土寇猝入城，汪與李倉猝走避。賊入署擄財物，官眷驅出署，扃一宅中。時紅橋仍在署，藏一室中。會黄昏時，紅橋暗藏利刃，一賊入，手刃之，一賊繼入，又刃之。賊疑不敢進，以火鎗向内擊中紅橋左手，暈絶卧地上，潛身門旁。賊入室，暗未覩紅橋。次早家人入，始負之出，與官眷偕，旋送出城。走近河，紅橋遽投水，因救得生。數日城復，紅橋竟無恙。嘗自繪一小像，服男裝，手握寶刀，英氣勃勃，時人多題咏之。不數年如孚卒，紅橋遂入空門，聞者皆爲惋惜云。咸豐初年事。

笏山言：漳州神廟多大蛇，人皆以名稱之。偶因襄校寓縣署西偏，夜四鼓，聞窗外淅瀝聲，俄有蛇自窗入，色赤有鱗，頭大如碗。揭帳視之，長三四丈，盤旋滿室，驚呼從者，門閉不得入。後本署更夫至曰：“無傷也。此名爲巳赭公，不輕出，亦不傷人，見者必吉。”因從窗外將門挑開，以竹竿從後驅之。蛇由門出至户外，有聲如萬馬奔騰、江湖澎湃，旋由樹叢中而去，倏不見。是科笏山登賢書，信更夫所言不謬云。

吾州王壽山太史利亨，號竹航。善琴，精畫理，書法

① 原作“餘”，底本校改爲“如”。

尤爲世所重。由翰林改官山西廣靈知縣，政聲卓著。旋升忻州知州。丁艱歸，著述終身，不復出。其詩刻意經營，奇境獨闢，如“城堞陰流秦鬼淚，關旗黑閃漢兵魂”、“草間弓響呼鷹地，天際鈴聲放鴿風”、“天粘白草牛羊亂，地隱黄沙鼓角雄”、“築塞城頭多棄地，出關馬背半愁人”、“牛羊沙磧燒痕紫，觱篥山川夕照黄”、“鶯自能歌倩燕舞，柳偏無力待風扶”，皆隨境抒[①]寫，迴不猶人。文叔來牧伯評其詩“養粹功深，當與宋芷灣湘、李繡子黼平相伯仲”。黄香鐵待詔擬其詩“如顔平原書，力透紙背”，又謂其“以顔書作詩，即以顔書作畫，魄力自成一家”。時關中王千波徵士家收藏舊畫頗富，屢以宋元人名迹易其所作，當時已爲人珍惜如此。

太史殁後，其家塾扶乩，屢次降壇，多訓戒子弟詩篇。又李笠翁、袁子才、蔣心餘先生亦降壇唱和。一日乩書“陸放翁到”，有求爲序、傳者，判曰：“我不能爲詩序，亦不能爲傳，且爲君説仙話：玉皇一日大集諸仙，召李青蓮而謂之曰：‘李白汝能擎日乎？’曰能。召李長吉而謂之曰：‘李賀汝能捧月乎？’曰能。又謂米老曰：‘米芾狂徒，汝素號能手，能攝雲氣乎？’曰能。玉皇曰：‘擎日者有人矣，捧月者有人矣，攝雲氣者又有人矣，今於仙部之中，復有能兼衆人之長，以爲一人之長者乎？’

① 抒，原訛作“杼”。

忽有一人，清眉朗目，跳躍而前曰：‘我能之。’於是左手擎日，右手捧月，雲氣蓬勃，相擁而出。跳入塵寰中，優游數十年，盡佈其所用。玉皇一日召之回，而謂之曰：‘汝入塵寰數十年，以日爲何用？’曰：‘我以日爲文，爛然煥然，精光耀彩，日得其所用矣。’‘以月爲何用？’曰：‘我以月爲詩，寒光濯魄，素彩流天，月得其所用矣。’‘雲將何用？’曰：‘我以雲爲書畫，元氣淋漓，烟霞變幻，雲又得其所用矣。’玉皇曰：‘悉如我願。’復召集諸仙，明指示其所用。諸仙唯唯而退。時放翁亦在其中。今子迎我，且爲子述其清眉朗目、跳躍而前者，即爲壽山太史云。”此雖靈鬼依托，亦俊辯可喜也。

政繁賦重，萇楚之詩所由作也。昔有爲福建龍溪令者，加徵重税，龍邑之民紛紛遷徙，王小航樞詩云：“有虎有虎，在山之陽。非山之陽，乃在公堂。一解。胡爲汝徂？胡不安處？有虎而官，官勝於虎。二解。曰賦曰税，國有常經。溢征勒税，苛我小民。三解。民願於常税，民樂於常征。惟苛政之行，心乃不平。四解。卜居百年，安土重遷。不速汝遷，恐催科及廬，械汝妻孥。五解。相將料理，鬻環及珥。脂膏竭矣，輸之於官官色喜。六解。但苦黔婁婦，無珥而無環。聞虎役來，且避掩關，户不可關役來前。七解。驅之驅之，山西南隅。逝將去汝，適彼樂都。苛政虐吾。八解。閭閻怨之，如相告語，苛政猛於虎，今詎異於古所云耶？

明末中書舍人張公同敞，字別山，江陵相國之曾孫，素以忠節自矢。兩京淪陷後，依桂林留守瞿公式耜共爲守禦計，旋同時殉節。臨難自訣詩云："彌月悲歌在此時，成仁取義有天知。衣冠不忘生前制，姓字空留死後思。破碎山河休葬骨，顛連君父未舒眉。魂兮莫指歸鄉路，直往諸陵拜舊碑。"丹心不泯，欲從其君於地下，志亦可憫矣！後人爲之立雙忠祠，至今血食不衰。

吾粵潮州民俗强悍，械鬥之案層見迭出。海、潮、揭、普四邑尤甚。人命之輕，等如鴻毛。官吏按法懲辦，於是有頂兇之事。頂兇者，如殺傷一人，即出錢數十千，買一人到官，自認兇手，官欲求了案，不甚推求，而真犯反逍遥事外，雖殺人千百，不足以儆兇頑。人謂潮人好利輕生，是猶未洞悉其情也。潮民聚族而居，多者數千人，少亦數百人，平日衆欺寡，强淩弱無論已。一旦有事，其强宗大族，出而號召，衆人莫敢或違。弱小者明知其勢不敵也，於是合數姓以拒一姓，合數鄉以抗一鄉，往往薄物細故，搆成大釁。一日交哄，死傷無算。官府欲拘真兇不可得，責令自交，紛紛送案，多係頂兇。此非其人不畏死也。大鄉强族擇其弱小者命之死，不敢不死，死猶可獲數十千以贍其家。若一人不死，則合家將不免於死矣。是死一人以生一家也。聞有官長憫其冤而反覆開導者，頂兇者自認不諱，亦無可如何。嗚呼！人命至重，天下有知其不應死而死之者乎？可哀也已！咸同以來，此風稍息，而强盜命案，差役不能得真兇者，亦往往以數十千買犯頂兇，尤而效之，又有甚焉。所願爲人父母者，審察實情，勿草菅人命，是亦造無窮之福也。

潮俗因寡弱之族爲人所欺，每養他人子爲己子，此風潮陽爲最。富家大族有一二代而人口數百者。大族生子而殤，數年後嘗有他姓舉族來歸，願爲其後者。其小鄉附庸於大鄉者，往往易姓以求保其身家。習俗如此，不顧自亂其宗祧。此風亦天下所無也。

曩客山東烟臺，登州福山縣屬北洋，通商馬頭之一也。與福山令宋君松友善。宋順天人，名作賓，由進士補山東齊河知縣。大吏知其能，調署福山，已閲兩載矣。余素欽其人剛正不阿，見理明，處事當。次年余入京應試，比歸而松友已調署高唐州。福山父老爲述其去任時情事，並辦理洋務數端，余心折者久之，今並録於後：

烟臺地濱東海，面對之罘，距福山城卅里。通商以來，設東海關榷，洋税登萊青道主之。環山皆夷樓，市廛貿易，閩粵人居多。有奇山所一隅，居民數百家。輪舟夾板，日往來於南北洋者不絶。夷人設領事官以衛夷商，凡貿易細故有關夷人者，領事即文移關道辦理，時時不免齟齬。自宋君抵任，持正不屈，夷人敬服。有夷人至即墨閒游，爲鄉人所窘，夷怒持鎗擊鄉人，鄉人環而攻之，傷夷人，並奪其衣物。領事見關道曰："不重辦鄉民，必失和好。"關道檄即墨縣。即墨之人聞之曰："是縱夷人殺我也。"人情洶洶，勢將激變。關道謂宋曰："汝能往辦此案乎?"宋曰："唯。"關道曰："吾調防勇二百名，與汝偕往，何如?"松友曰："是激之變也。且二百人豈能敵數千百姓乎？願輕騎往。"不攜一人，至則召父老而謂之曰："汝輩自揣能與夷人抗乎?"曰："不能也。""敢與官爲難乎?"曰："不敢也。""然則將如之何?"皆曰："願聽賢父母教。"曰："若爲我交匪廿人，即可了案。不殺人，無償命理，無傷也。"皆曰："諾。"於是攜廿人回烟，約領事官會審。松友曰："此事互有是非，不得但罪愚民。雖然，國法具在，不可廢也。"命重杖數人，各見血。領事遽起謝曰："使君能如此，吾復何言?"案遂結。即墨人至今頌之。

又一日，領事約關道各官會議，自晨至午不決。領事忽起入内曰："容再議。"各官相視無一言。宋起，直趨前，握其手，問何往。領事曰："將晨飧。"宋笑曰："我輩皆枵腹來，今議論未定，計及口腹耶？飽則皆飽，饑則皆饑耳。請一言爲定。"領事躊躕久之，乃曰："即如約。"宋釋手，揮從者曰："驅之。我亦將歸寓晨飧也。"立請關道回署，而已隨後歸。人皆嘖嘖稱其有應變之才云。

又海防舉辦之初，東撫丁中丞寶楨飭沿海州縣種樹海邊以自衛，鄰邑皆以爲難。公奉檄後，即召各鄉父老，令其因地植木。凡至百株者賞，積而至千萬株者，賞亦如增。不一月，民間踴躍從事，種樹逾數十萬株。公親歷巡視，召鄉民，温語獎之。先是，烟臺有空地，夷人以爲馬圈，每歲爲賽馬之會，歷有年矣。是時鄉人於其地種樹千株，夷人怒，領事移文關道，令拔之。公不可。領事率工數十人往拔，公亦率役數十人前往，至則號於衆曰："此樹官所植，拔一株者罪之。"領事徑前手拔樹，公怒目視之曰："此天朝地土，縣官所植，敢動一株者，吾必手刃之。"領事爲之退避。後大吏調停其事，始調公高唐。去任日，木盡拔。福山人聞縣令將去，各鄉立一旗，號召衆人曰："願留賢父母者隨此。"方是時，中丞丁公巡邊，將抵烟臺，未至，或告曰："鄉民有竪旗者，以千百爲群。"丁大驚。至則或五里十里，有父老攜婦女幼稚跪道旁，流涕哭失聲，詢之，則請留宋縣令也。中丞慰之曰："宋令好官，已調高唐州，亦使高唐之人並受其福也。"衆始涕泣而去。嗣聞宋君署高唐兩年，卒以不合時宜引疾歸里。嗚呼！古有强項令，若松友者，其庶幾乎！求之近世，尤所謂鐵中錚錚者也。

余僡，順天舉人。其室某氏因夫病，割臂煎藥，復囓指血求神，願以身代。夫病愈而氏竟死，臨終異香滿室，隱隱有仙樂音，同寓皆聞之。劉海臣云。

京師謝文節公祠有扁曰“朱鳥來食”，人多不解。世傳謝翺《晞髮集》謂翺曾在文丞相幕，丞相歿後，翺常至嚴陵釣臺作歌，有“化爲朱鳥兮，其噣焉食之”句，以竹如意擊爲節，歌罷竹石俱碎。即此語所本也。

吾州城南面臨大河，環山抱水，頗爲鉅觀。惟水淺灘多，就中以蓬辣灘爲最險。每學使過此，必先祭江。戴醇士熙有《蓬辣灘看山》五首云：“青山我故人，到處爭迎我。舟上蓬辣灘，故人至益夥。灘石引雙篙，爲鼓中流柁。灘水相嗚唤，玉齒露瑳瑳。拓窗望來程，滃然白雲鎖。”“奔流沸盤石，石卧了不知。上有據石松，照影虬枝垂。影動松自舞，叢竹竊笑之。青山顧而樂，樂此群兒嬉。”“山忽化爲舟，夾水往來疾。舟忽化爲山，四壁峰巒出。忽覺山入舟，瞬息旋奔逸。又覺舟入山，咫尺乍迷失。十里得清曠，一棹到蒙密。突兀初生怖，夷猶漸成暱。日落烟霧起，山與舟爲一。”“舟行本向東，轉折却指西。千轉復百折，東西漸已迷。東西初不迷，多情山下谿。招要巖岫來，聚觀因排擠。雙環正相競，萬笏倏又齊。安得石尤風，使我三日稽。”“我如穿珠蟻，日就珠罅走。銜繩倘未出，方知珠曲九。中途見迷塵，魚鳥獲淵藪。自謂壯哉游，所遭信非偶。落落珠外天，聽歸造化手。”詩載《訪粵集》中。公後殉難於杭州，賜謚“文節”。

鍾遇賓侍御孟鴻有《舟過會昌峽砮》一首，讀之可驚可愕，今録於左："石勢壓江來，欲截使江住。江若爲弗知，乘間一綫注。石乃約其軍，背水作陣布。堅壁撑青空，赤幟蔚林樹。每當盛漲加，風濤飛斗戽。崩騰千騎奔，噴薄萬弩赴。我行值夏暵，水落石可步。仰視磊砢盤，鬱勃尚餘怒。何人揮神斤，鑿石石口呿。一剎齶齶嵌，半納復欲吐。微微畫棟横，隱隱紅樓互。疑有仙真游，松巔裊烟霧。"

余少時過邯鄲，有句云："算來除却神仙外，塵世誰非夢裏人。"秦文伯爲轉一語："算來不獨紅塵客，仙佛無非夢裏人。"近讀鎮平鍾望子先生《邯鄲題壁詩》云："休論誰幻與誰真，富貴神仙總化塵。十二萬年渾一夜，先生亦是夢中身。"識解特超，與文伯語若相吻合。先生名李期，字仙根，遇賓侍御先德也。

忠孝節烈，今古同欽。吾州東關外嘉應橋有節烈馬氏女之墓，氏不知何時人，事迹亦無可考。第聞其爲夫殉節死事甚烈，藁葬於此。後人爲之修墓請旌。嘉道間有將築室於墓側者，鄉人皆不允，幾興訟。又瓜嶺山下有某夫人之墓，碑碣書"子壻海瑞立"，相傳爲忠介公所葬，真僞不可知，至今樵牧不敢犯。由此觀之，生王之頭不及死士之墓，此語不誠然乎？余謂長陵一抔[1]土，不能終古常存。而忠孝節烈之所留貽，雖異世而猶令人敬愛若此。一刻千秋，世傳黄石齋先生臨刑時謂其門人曰："勉之，忍一刻即千秋矣。"孰輕孰重，必有能辨之者。

吾州藍丈芷香，年八十餘，猶彊健善飯。偶夏日乘涼門外，手抱嬰兒，傍坐兒童一人，約六七歲，一侍立者，年十二三矣。或過之，問曰："丈人所抱第幾孫？"翁笑曰："此小犬也。"因指旁坐者，"此某孫"。侍立者曰，"此曾孫某也"。一時以爲佳話。翁之女年六十餘，壻死，哭之哀。翁往視，嘆曰："死生自有命，惜汝青年守節，殊難爲情耳。"聞者爲之暱笑。

温明叔侍郎葆深原名肇洋，祖居嘉應松源鄉，後遷江寧。假歸原籍，有《山行雜詩》云："始識生男貴，行教懶婦稀。採山薪臼出，自注嘉應土俗謂新婦爲"薪臼"。浮海藁砧歸。論世誇朋酒，殘冬賴母豨。一衣紅色淺，泅水上蘆碕。"詩見香鐵《詩紉》。明叔之兄翰初先生名肇江，工詩詞，善畫。曾見其《金縷曲·題春江唤渡圖》云："鄉夢羅浮裏，鎮無憀、梅花時節，迢遥烟水。要別江南探粤海，風利片颿輕駛。數到日春風來矣。我正停橈君唤渡，定相逢一笑呼知己。同一種，情癡耳。　　美人

① 抔，原訛作"坏"。

香草應相似，最難忘、菊芳蘭秀，天涯尺咫。半剪柔波舟一葉，恰恐載愁不起。更吩咐、葫蘆貯取。不到蓬山安得泊，恁無端先向秦淮涘。問桃葉，香名字。”

吾州吴石華學博蘭修工詞賦，遂菴相國督學廣東時極賞之，著《桐花閣詞》，兹録其二，以當嘗鼎一臠：《黄金縷》云：“柳絲細膩烟如織。病過花朝，又是逢寒食。多少春懷抛不得，都來壓損眉峰窄。　可憐生抱傷心癖，一味多愁，只恐非長策。葬罷落花無氣力，小欄杆外斜陽碧。”《減蘭・過秦淮》云：“春衫乍换，幾日江頭風力輭。眉月三分，又惡蟲聲過白門。　紅樓十里，柳絮濛濛飛不起。莫問南朝，燕子桃花舊板橋。”

賀縣土産有蘭花菰一種，味最佳。昔有大吏經過此地，縣令出迓。大吏詢問境内風土人情甚悉，又問此地有土娼否，令誤以爲問土産也，曰有。問何名，曰有蘭花菰最著名。大吏怒曰：“既知其名，何不驅逐之！”令大慚，唯唯而退，始悟所答非所問也。聞者捧腹。縣所産又有烏米，可以釀酒，他處所不及也。

鼠性最黠，讀東坡《黠鼠賦》，令人失笑。有某甲者，因鼠子作惡，嚙破衫履，乃購紅砒，將置飯中以斃之。不意鼠子將砒銜置赤豆中，其家不知也。甲妻素喜食赤豆飯，是日煮熟，邀鄰人共食之，食後都作沉醉不醒狀，甲歸家見之，猛憶曰："得毋誤食紅砒耶?"檢視則紅砒竟在赤豆筐中。急買藥，爲諸人灌救，幸得無恙。夫本欲毒鼠，而反以自毒，幸而灌救得無恙耳，萬一不治，其害胡可勝言！傳曰"蜂蠆尚猶有毒"，豈不信乎！余謂世有欲害人而適以自害者，當引此爲前車之鑒。

某甲婦年二十許，夫死，矢志不嫁。族人欲爲之擇嗣。次年婦私孕生子，陰棄之，人莫知也。有鄰村某乙未有子，得之甚喜，養爲己子。後二年，乙亦生一子，念前此所得不明所自，欲鬻之。乙與甲本同族，甲婦擇嗣，數年未定，乙聞之，陰托人致意焉。甲婦見此子貌類己，心竊喜之。族人因議以乙子爲甲嗣。後婦撫孤成立，守節以終。其知者等之合浦之還珠、相如之返璧云。按此事機緣亦巧，前以曖昧而棄之，是有子而無子也；後以螟蛉而得之，是無子而有子也，而所得之子即所棄之子，此其中殆有天焉！卒之此婦守節撫孤，不復聞有穢行，或亦可稍蓋前愆也夫！

詩以道性情，作詩者身分不同，心胸亦異。宋王沂公未第時咏梅云："而今未問和羹事，且向百花頭上開。"人謂此生已安排狀元宰相。本朝莊容可先生未遇時咏蠶云："經綸猶有待，吐屬已非凡。"後果以狀元致官亞相。湘鄉曾文正公學問爲勳業所掩，古文能自成家，詩亦挺健。余讀其《歲莫雜感詩》云："竟將雲夢吞如芥，未信君山剗不平。”又云：“匣裏龍泉吟不住，問予何日斫蛟鼉。”已涵蓋後來事業。迨視師江南，有《感懷述事詩》云：“要令天下銷兵氣，爭説湘中聚德星。書生自有平成量，地脈何曾獨效靈。”又：“屠罷長鯨波尚赤，戰歸驕馬汗猶紅。”又：“共扶元氣回陽九，名放光明照大千。”胸襟氣象，迥然不同。卒之掃蕩妖氛，手平大難，中興偉績，論者以李、郭比之。言爲心聲，公之事業不待成功後而始可決也。

晉懷帝爲漢主劉聰所執，封爲會稽郡公。問曰：“卿家骨月[①]何相殘如此？”帝曰：“大漢將應天順命，故爲陛下自相驅除。此殆天意，非人事也。”余嘗謂此雖權詞，實有至理。即如嬴秦將滅，炎漢當興，天生項羽，特爲之驅除耳。故余有《咏項王詩》云：“勇冠三軍氣絶倫，英雄天遣滅强秦。重瞳莫下烏江淚，爾有名騅有美人。”使項王地下有知，亦當破涕爲笑。

余十餘歲時，吾鄉書坑有傳天主教者，嘗作《闢天主教論》一篇，中有云：“嗚呼！創天堂地獄之言，闢佛教而不離神教傳教者自稱神父。毁尊祖敬宗之典，雖人心而更甚獸心矣。”又文後自記云：“黜異端以崇正學，小子何知？毁聖教而裂大閑，狂瀾誰挽？”先伯父賓門先生見

① 月，同“肉”。

而亟賞之。彼時獸蹄鳥迹猶未遍於中國也，卅年以來，夷教横行於海内，不肖之徒藉此爲逋逃淵藪，而讀書明理者，亦往往墮入其中。撫今追昔，感慨係之矣。

河南某中丞開印日，開封府進謁。譚次，中丞曰："適有一語，請諸君屬對。'開封府，開印大吉，封印大吉。'"蓋公署凡開印日，俱書此二語也。衆無以應。後兩月，安瀾期近，河帥與中丞會議清濁亭。河帥曰："予得之矣。'清濁亭，清水安瀾，濁水安瀾。'"相與大笑，聞者皆以爲天生對語。有縣令告人曰："予有一對，更覺天成。"河帥聞而詢之，令曰："非中丞問我，我不敢言。"師亟白之中丞，召令面詢之。令忸怩者久之，曰："候補縣，候缺無期，補缺無期。"中丞微哂之。檢查公牘，則該令由進士分發到省，數年尚未得缺也。不一月適某縣缺開，即以此令委署。論者謂此令以數載之迍邅，賴一言之作合。雖曰天命，豈非人事哉！

楓涇鎮爲江浙交界之區，距鎮五里許，地屬嘉善縣。有兄弟二人，同居務農，相助相得，家道小康，甲病將危，以寡婦孤兒諄諄屬托。乙亦慨然引爲己任。甲殁後，乙頓昧天良，思盜其嫂。嫂竭力撫孤，貞潔自守。乙知不可犯，亦相安無事。未幾，乙授室新婦，貌陋性拙。乙婢蓄之，動輒詈責。於是益垂涎其嫂，謂嫂所恃者姪耳，姪死則嫂必不能堅守，思所以謀害之。某丙者與乙友善，乙倩丙向藥肆購得白砒，因相飲於酒家。酒傭某丁微知其情，乙賂以洋蚨，屬勿言。乙姪僅七歲，喜食果餌。因買風菱煮熟之，滲藥於中，將以斃其姪兼毒其妻也。天忽陰雨，行至場角，霹靂一聲，乙已震死，手擎菱筐，洞胸烈腹，血肉狼藉，家人乃藁葬之。同時丙、丁皆震死。越半日，丁稍甦，乃爲人述之。數日後丁仍死。誰謂天公[1]果憒憒哉！

① 公，原作“工”，底本校改爲“公”。

卷　六

少時聞江西張真人，每歲有文到部，云某處城隍某官爲之，某處土地某人爲之，疑其荒誕不經。陳硯皋大令云：其舅氏鍾遇賓侍御歿後，家中扶乩，自云爲福州城隍。時中表文南京寓來函，亦謂張天師已有文到部云云。憶道光間林文忠公督粤，粤人感其德，歿後傳聞爲廣州城隍。朱中丞桂楨撫粤有惠政，亦云爲某府城隍。夫聰明正直爲神，民之視聽，即天之視聽也，民以爲神即神矣。於何知之？以閻羅包老之説知之。

京師冬笋最難得，笋之佳者，以玉蘭片爲最，清笋次之。粤東冬笋最多，每斤價不過十餘錢，取其大者爲笋脯，或用蜜餞之。福建亦有之，粤東人呼爲閩笋，質粗而味亦遜。廣西有融笋，較閩笋稍勝。最下者以粤之酸笋爲極，而世竟有嗜爲異味者，可怪也！

《廣東新語》載：廣州兒童有賭蔗鬥柑之戲，以刀自尾至首破之，不偏一黍，又一破直至蔗首者爲勝，柑以核多勝。吾州兒童亦有之，其法舉蔗投空中，用刀横截之，斷者爲勝。或將蔗横刀切未殊，各執一半，用力扯之，視蔗須長者勝。又以柿切之，各猜其核多少，中者爲勝，此又一戲法矣。

向見村塾中童蒙多誦《三字經》，不知所出。考《廣東新語》云：宋末區適子所撰。適子順德登洲人，字正叔。入元抗節不仕，曰：吾南人安能與達魯花赤俯仰耶？今所傳《三字經》互有增損，且有元明二代事實，則不知何人所定矣。又歸善楊肖齋傳芳著有《四字》、《七字經》行世，今不傳。

己未計偕入都，宿邢臺南關外，壁間有詩云："一别湘江十二年，朝朝問訊渡江船。郎心别醉紅樓月，妾病終成紫玉烟。弱質何堪戎馬逼，前盟曾比女牛堅。今生但許重相見，紈扇知秋甘棄捐。""飛蓬兩鬢走風霜，命薄何須怨路長。井底汲瓶拚斷絶，房中織素費評量。願爲葑菲郎應許，採得蘼蕪我自傷。如此望夫宜化石，配他薄倖石心腸。"末書"湘江薄命人秦素月避難尋夫入都留題。"讀之令人酸楚。後有金藕舲題句云："千里尋夫自斷腸，回環佳句亦心傷。瑟琶都道譏王四，今遇人間趙五娘。"又兩絶云："數載烽烟漢水濱，一般淪落走風塵。吴儂亦是傷心客，不哭功名哭美人。”“情重才高却數奇，二千里外覓相思。寄聲破鏡重圓日，千萬重題壁上詩。皖江有心人走筆。”三詩俱有情韻。

世傳朱子《四時讀書樂歌》，梁茝鄰中丞云：此南宋翁森[1]所作《四時讀書詩》，非朱紫陽夫子也，不知何時以訛沿訛耳。見《楹聯叢話》。又按《朱子家訓》是我朝朱柏廬先生用純所撰，凡五百一十字，皆居家格言，今人概以爲朱紫陽，誤矣。

昔人有避蝨咒云：“訶婆薩提菩，諦揭僧羅波，諦揭羅波，諦揭諦揭。”[2] 口念七遍，以氣吹枕席間，則諸蝨不敢近。一法吸北方氣呵筆端，書“歛深淵默漆”五字，置床帳間即除。

《歸田瑣記》載山東李鼎和傳得屏賊盜咒語，羈旅路宿頗可預防，咒云：“七七四十九，盜賊滿處走。伽藍把住門，處處不着手，童七童七可若何。”於清晨日出時向東方默念四十九遍，勿令雞犬婦女見之。[3]

---

① “森”後有補“字秀卿”。

② 此即《般若波羅蜜多心經》咒語變化而來。

③ 是段上有批注：“童七何五天生的對也。”“北道有護行旅商賈之壯士名曰保標（鏢），其乘坐者曰標（鏢）車，凡入店出店皆宛轉其聲呼‘何五’二字。某親聞之標（鏢）客云。”

造室宇落成後，恐匠人有魇術，按《魯班子》卷末有解魇法：用柳帚浸水，遍屋上下灑之，口誦曰："水郎水郎[1]，遠去震方。天蓬力士，助我剛强。淨祛厦屋，世保吉康。天乙貴神，解魔鎮殃。凡有詛咒作者，身當急急如熒惑律令。"

戰場有燐火，自古爲然。安徽某邑爲賊所陷，王師收復後，殺戮甚多，自是每夜燐火無數，往來不絕。鄉人習見之，不以爲怪。一夜人聲鼎沸，聞呼殺妖，聲甚厲，蓋賊中向呼我兵爲妖也。鄉人鳴鑼放礮逐之，數夜始絕。昔鄭伯有死爲厲鬼，若此鬼者，真不愧爲厲已。

邱東山大令言：安徽某縣一婦頗有姿首。賊陷城，舉家被害，僅存病姑一人，婦爲賊擄，病姑隨之行。時婦已有娠，屢覓死，姑慰之曰："吾家被難，所存者汝腹中一塊肉耳，萬一生子，猶可延宗祀，勿輕一死也。"婦泣從之。未幾官兵破賊，婦又爲勇所得，姑仍隨行。有別營兵弁見而欲奪之，勇不許，弁先殺其姑，遂相鬥毆。弁人衆，勇恐不敵，又慮此婦爲所得也，乃殺婦，並剖其腹，聞者傷之。按此婦因姑命而忍辱偷生，非不貞者，比卒受此禍，是天欲絕之，非關人事也。論者乃以不早死責之，其亦不諒也已。

---

① 此處有批注："水郎，一本作木郎，揆其意，必應從木。"

嵇叔夜爲晉室所誅，子嵇紹乃爲國捐軀；文丞相忠於宋室，至死不屈，子昇、弟璧皆仕元朝，人心之不同如此。璧仕元時，或有詩云：“江南見説好溪山，兄也難時弟也難。可惜梅花各心事，南枝向暖北枝寒。”昇仕元至集賢學士，奉使贛州，道卒，有輓之者云：“地下修文同父子，人間讀史各君臣。”見《陔餘叢考》。

元世祖時，許衡聞召即至，曰：“不如此則道不行。”劉因屢召不就，曰：“不如此則道不尊。”二人者出處不同，皆大儒也。然因不就集賢之命，帝聞之曰：“古有所謂不召之臣，其斯人之徒歟?”遂不强致之。衡病革，語其子曰：“我平生虚名所累，竟不能辭官，死後勿請謚，立碑但書‘許某之墓’，使子孫識其處足矣。”抑似猶有慚德也者。孰軒孰輊，後生小子，誠不敢妄贊一辭矣！

某甲自外歸，途遇雨，趨一破廟避之。廟中先有一婦，亦避雨者。天將黑，大雨不止，甲不得已止宿於外。詢婦係由母家還壻家，攜一筐，中有肉脯數事。甲腹饑求食，婦以肉脯一片與之。次早甲向婦稱謝，婦復與肉一片而去。甲行廿里許，投一店，因出脯佐飱。店東詰脯所自來，甲以實告。店東怒，將毆之。甲驚問故。乃知店即前婦母家，肉脯亦店中物，疑甲與婦有私，故以此贈之也。甲力白其事，始釋之去。或曰甲年過五十，婦亦貌寢，因此而釋衆疑，否則瓜田李下之嫌，殊難自解也。亦幸矣哉！

直隸邯鄲有鐵牌龍神，最著靈異。同治丁卯戊辰間，京師數月不雨，或請鐵牌來京，禱之至，則二三日間大雨不止，民田霑足，無不額手稱慶。余曾往觀之，牌高不盈尺，闊約五六寸許，以鐵鑄成，上書“某年月日弟子某敬酬緣”。邯鄲距城有一井，相傳中有龍神，禱雨者取井水一碗，縋人下井，隨意取鐵牌一，酬神日復製一牌，投之井中。歷歲已久，牌亦愈多。是年得雨後，萬藕舲宗伯恭送鐵牌回邯鄲，並聞製一金牌以酬神貺云。

《廣東新語》云：“世之稱壽者，率以十爲數，嶺南及江西寧都，則以十之一爲數。魏叔子謂前十之年，必加一而後成；後十之年，必從一而生。此大易貞元之義，於禮爲宜。”今各省皆有以十一爲壽者，又不獨廣東、江西爲然也。

東坡《登州海市》詩引云：海市“嘗出於春夏，今歲晚，不復見……禱於海神廣德王之廟，明日見焉，乃作此詩。”余客烟臺，即登州地，數年未得一見海市，每以爲憾。詢之土人，云市多出於三四月間，每旦或日晡時，有雲起海上，霎時烟霧迷空，忽然開霽，即見海市，倏而樓閣横空，倏而峰巒叠翠，甚至城郭人民，一一如繪，轉瞬間隨風變滅，幻影皆空，信爲神功不虛也。又有山市，人行山徑間，偶一見之，其起滅變化亦與海市無殊。余聞之王道士鶴亭云，鶴亭曾親見之。

《後漢書·光武帝紀》："時三輔吏士東迎更始，見諸將過，皆冠幘，而服婦人衣，諸于繡裾，莫不笑之。"《前書音義》曰：諸于，大掖衣也，如婦人之袿衣。字書無"裾"字，《續漢書》作"䘿"，並音其物反。揚雄《方言》曰："襜褕，其短者自關之西謂之統䘿。"郭璞注云："俗名䘿掖。"據此即是諸于上加繡䘿，如今之半臂也。按《中華古今注》：尚書上僕射馬周上疏云："士庶服章，有所未通者。臣請中單上加半臂，以爲得禮。"詔從之。又宋子京夜坐，諸姬皆持半臂而至，遂忍凍而歸。是唐宋時已有半臂服，今京師人喜著坎肩俗呼如此，不知是此二字否，加長衫之上，南人呼爲背心，亦喜著之，疑即昔之半臂耳。《傳》曰："服之不衷，身之災也。"《詩》曰："彼其之子，不稱其服。"余終不敢謂此爲雅服也。

里有無賴少年好爲游戲，每值天陰月黑，作種種奇鬼裝，伏路旁，有過者，遽躍出，人誤以爲鬼也，大駭奔竄，或有驚懼仆地者，少年潛遁去，竊竊然笑之以爲樂。有數人聚談某夜某人遇鬼狀，相戒夜行，少年聞之，更大笑以爲樂。如是者屢矣。一夜仍作鬼裝，伺路旁，遇一素識者，躍而前，其人驚呼倒地。視之則兩眼俱閉，口流涎沫，少年連呼曰：“是我是我，非鬼也！”有頃則其人氣息一絲，勢已垂危，少年乃大懼，自語曰：“如有他故，奈何奈何！”言未已，其人躍而起曰：“還汝一驚！汝知畏否？”因相與大笑。自後少年不敢復惡作劇矣。余謂以驚恐爲樂事，此真無賴之行，設有他虞，悔將何及！好爲游戲者可以戒已。

族伯心如先生以教讀爲業，有第四子，年十二三，聰明好學。道光間館某鄉，子亦隨讀。偶一夜，夢館外道旁大碑仆，壓傷一人，次日告其子。碑距書館僅百步，其子因書片紙戒路人，親往粘碑上。碑本欹側，久雨土鬆，用手連按之，碑遽仆，竟及。此事殊可異！使其父無是夢，則其子不書此紙，不粘此紙於碑，則碑未必遽仆，即旦夕碑仆，未必竟及其子也。神乃以一夢誘之，是誠何心哉？或曰：“此先生館粤省五仙觀時事，碑即觀中舊碑將仆者也。”又云：“係其子自夢爲碑壓傷，因書‘夜夢不祥’四句，往粘碑上，而不虞適符所夢也。”噫！異已。

吾州李小峰太守光熙以軍功薦升知府，需次江南。光緒初年丁内艱，奉其太夫人喪歸，乘輪舟至汕頭。先一日，輪舟誤觸礁石，底穿水入，須臾盡滿。時舟中人急趨舢板逃命，輪船俱有小舟，呼爲舢板。有招太守速去者。太守因母柩在船，不肯往，又無法可救，痛哭而已。水及柩，浮入海，躍而赴，並沉海中。其子某見父入水，亦以身殉。聞者傷之。遲數日，有柩浮於海港，漁人得之，即太夫人靈輀也。告其家，迎歸葬之。人謂太守以身殉母，子亦以身殉父，可謂一門孝順矣。太夫人靈輀之得還，尤爲孝感所致云。後聞丁雨生中丞曾以入告，准附祀忠孝祠。

潮州潮陽縣有雙忠廟，祀張巡、許遠，神最靈異，香火之盛，甲於潮郡。相傳宋時有潮陽某甲賈於江淮間，將歸，已登舟，有二人肩一竹笥，問船何往，甲告以將歸潮陽，二人喜曰："余亦至潮陽，結伴同往，何如?"甲許之。遂留竹笥，匆匆去。次日候之不至。三日後始解纜，亦無復有人來問者。甲抵家啟笥，則神像二，書張、許二公名，又銅具一，大徑寸，長尺餘，體圓而有棱，潮人呼爲銅滚。乃告諸鄉人，僉謂宜立廟祀之。至今奉祀維謹，事無巨細，皆禱於神。咸豐間土寇作亂，迭次圍城。鄉人夜見神燈來往，賊驚竄，得無恙。土人謂"神生守睢陽，死衛潮陽"云。夫祀典所載，能捍災禦患者則祀之，若張、許二公，雖血食千秋可也。

"勿以善小而不爲，勿以惡小而爲之"，此語最爲勸善法門。憶幼時從長老往埽祖墓，或指道旁一小墳告余曰："此因生平積小善得延其宗祧者也。"余詢其故，曰：

“某鄉人以織屨賣茶爲業，有妻而無子。設一草棚在路旁，遇暑天，不計茶貲，或竟不受，如是者多年。一日有堪輿先生過之，食茶訖，不受貲。其人感之，告之曰：‘余觀子相當絶嗣，今所行多善事，或可延宗祀。昨在某處得一牛眠地，聊以奉贈，子其勉行善事可也。’此人以葬其母。後數年竟得一子。今雖式微，而一綫之延，未始非爲善之獲報也。

俗傳雷神雞爪貙目，朱羽爛然，以爪蹴雷鼓，便作霹靂聲，此第小説家之讆言，豈真豐隆君墮落人間，任人環視耶？漢皋董家巷某姓家瞥見一物，似鴨非鴨，毛羽斑斕，翅翼俱備，其頭面頸項皆如野梟，惟兩足如雞，不飛亦不鳴。時適猛雨疾雷，居人僉謂此必雷部神將，騰雲過此，遇其家晒晾袒衣，以致被污而墮街。鄰來觀者絡繹如織，閱日愈衆。主人恐，乃雇一艇，送至江心，祝令從黿將軍而去。後亦無他異云。事見《申報》。按吾粤雷州府有雷祖廟，相傳爲雷神發祥之地。廟有鼓，每雷鳴，鼓亦鳴，其聲大而遠。又有雷斧、雷鑿各一，藏廟中，非鐵非木，人莫識之。又廟外土中恒有一物，形似雞子，大倍之，土人掘得，呼爲雷卵云。荒渺之談，真不足供一噱也。

族伯賁航先生某科鄉試後歸里，同伴廿餘人，皆下第者。至歧嶺長樂縣屬，雇定一船。突來散勇多人，將船奪去。衆皆大怒，而無如何。中一人曰：“赴試舉子本與出陳兵勇同，今我輩雖下第秀才，彼亦敗軍之士卒，吾何畏彼哉!”聞者解頤。此與《閱微草堂》所紀“一塾師與張晴嵐論文相詆，塾師怒曰：‘我與汝同歲入泮，同至今日皆不第，汝何處勝我耶?’”語極相類，而此尤雋永。

豐順某鄉有某乙，素嗜賭，屢負不休。鄉有土地祠甚靈異，乙禱於神曰：“如蒙神佑，得彩後願添一娘娘，以酬神恩。”後屢賭輒勝。乙知爲神庇也，自赴郡城塑一娘娘像擕回。道出潘田墟，宿村店，乙嫌其不潔，恐污神像，遂寄對門神祠中。次日抵家，即以牲醴鼓樂送娘娘入祠，夜夢神告曰：“汝已爲我置婦，奈何以再醮者貽我?”乙力白其由潮郡新塑者，曰：“某夜汝曾寄某神祠否?”乙頓悟，因另塑一像，再奉入祠，而以原塑之神送入潘田墟神祠中，至今兩處香火皆不衰。朱瀛波言。

周有八士，一母四乳而生八子，奇矣。《漢書·五行志》以一産三男列於人痾，謂之咎徵，紀文達《閱微草堂筆記》辨之甚詳。我朝典制，凡一産三男，皆予賞賚，然世實不多覯。吴菊如言：向客山西時，省城柳巷比鄰而居者，一月之中有三人先後産子，共得七男，聞有二人一産三男者，此則尤爲絶無僅有矣。

吾州梁孝廉擷芳，鄉試時夜坐號中，正搆思間，忽一女鬼搴簾入，徑奪其卷，欲裂之。孝廉以手按卷，徐察女貌，素不識，因問之曰："平生自揣無害人事，與汝亦從不相識，來胡爲者？"鬼却顧曰："汝非某縣梁生耶？"孝廉曰："吾嘉應梁擷芳，非某縣也。"曰："誤矣。"孝廉怒，拍案大呼曰："瞶瞶至此，不速去，當誅汝！"鬼聞言忽不見，但餘黑氣一團，如輕烟薄霧，須臾而滅。疑此鬼爲陽氣所爍，消爲烏有矣。是科孝廉竟獲雋。

天津民俗强悍，無賴之徒愍不畏死，往往以睚眦殺人，俯首就獄。同治甲子，余客游於此，聞一事，尤可異焉。距城數十武，向有浮橋，每船至，輒開橋使過，大半貧民及無賴者司其事，船過或給以五六文、十餘文，計每日不下千錢。有河北某甲素行横暴，諸無賴畏之，以所得錢一半分之，積有日矣。有某乙河南某村人，自負膂力過人，欲起而奪其利。一日甲乙相遇於塗，甲執乙手問曰："聞子欲奪我利，有之乎？"曰："有。""子敢與我較勝負乎？"曰："敢。"又問曰："子身藏有利刃乎？"乙知其欲相鬥也，曰："有。"甲攘臂呼曰："敢刺我乎？"乙正躊躇間，甲復袒胸大罵曰："竪子無能，不值乃翁一哂，安用此刀爲？"乙不得已，舉而刺之，仆地竟死。官聞之，拘乙，坐以故殺，論抵如律。無賴輩猶嘖嘖稱道之。余謂昔韓信受少年之辱，俯首出胯下，此真大英雄作用。乙乃中以一激，竟以身殉，何其愚哉！

若某甲者，一死輕於鴻毛，尤不足道也。書此以爲好勝輕生者戒。

余少時偶與兄弟輩夜坐，各述所聞鄉曲中小事，以供談笑。一鄉有婦人，性暴戾，好與人鬥，不勝則被髮狂走，詭云投河。旁人勸阻之，或臨河而返，或半途而歸，如是者屢矣。一日因鬥復趨近河，人多知其事，不復往勸。候至日莫，無顏復歸，遂縱身入河，竟隨流不返。又一婦門有池塘，偶與人齟齬，輒云赴池死。一日因與鄰人口角，遂躍入池中，水將濡首矣，乃兩手高舉，似待人援救者。後有人救起，詢其故，則曰："吾手爲厨刀所傷，未愈，恐入水將不可治也。"相與一笑。又有一無賴子好賭，資産蕩盡，父母屢誡，弗悛。一日因賭負歸家，父母切責之，無賴子亦有悔心，取刀對父母，自剁一指，血漬淋漓，誓曰："此後復賭，有如此指！"父母竊喜之。旬日，子不知所往，遣人尋覓，則復入博場，人衆相擠，聞其呼曰："吾指痛，諸君幸勿爾也！"此可謂積習難返矣。

卜日見《禮》，卜地見《詩》，趨吉避凶之説，自古有之。然拘泥太過，則一日之間，行止動静，皆同桎梏。小説所記某人謁一巨公，逾數時見兩人扶之出，背面退行，南向坐。疑其病，詢之，云："今日巳、午時空亡，且不利東方故也。"迂闊若此，令人絶倒。

溺鬼求代，不知何意，此事所在皆有之。吾州較場後有一池塘，聞昔有人溺於此，自後天色傍晚，或清夜月明時，嘗有白鴨一雙，游泳池邊。見者欲得之，則鴨趨往深處，隨之則有滅頂之虞。人以爲此鴨鬼所幻以誘人也。興寧文廟前池塘亦云有溺鬼誘人，夜行者戒勿過此。一銅鐵鋪學徒，夜二鼓甫寢，忽門外有人呼其名，學徒開門起視，久之不返。主人疑之，出視不見。有更夫過，詢之，云頃見此人由文廟巷中踉蹌而去，不知何故。急持燈蹤迹之，則學徒已癡立水中，作徘徊瞻顧狀。挽之回，詢其所苦，自云有一人素不相識，約我到茶肆食點心，入門似有層樓，正擬登梯，而其人不見，是以躊躇四顧耳。此鬼更能幻化屋宇以誘人，尤不可解也。

《春秋》責備賢者，同此一事，常人爲之則可，賢哲爲之則不可，執是以爲賞罰，不亦偏乎？余謂此聖賢原心之論也。常人心本憒憒，悖謬之行，往往而有。必以無禮無義責之，彼並不知禮義爲何物也。若賢人則知禮義矣，以知禮義之人，而行不禮義之事，從而坐之，非過刻也。朝廷立法，官吏較尋常加等治罪，即此意耳。又佛氏云："有心爲善，雖善不賞；無心爲惡，雖惡不罰。"竊以爲非也。夫聖王之刑賞，原以勸人爲善，而罰人爲不善耳。今以慕賞之故而爲善，畏刑之故而不敢爲不善，而又責以慕賞畏刑皆出有心，是使人無所措手足也。余謂人神一理，鬼神之賞罰仍以其人之善不善爲斷。

若有爲而爲之，與無爲而爲之，則賞罰亦有厚薄之分。蓋一出於自然，一出於勉强也。嘗舉此説以質師友，亦不以余言爲謬。

幼時聞長老述乾隆間某村當時曾舉村名，日久忘之。有一富翁，好善樂施，鄉人皆稱之。村本近河，一日有道士過其門，翁與談，頗有玄[1]致。瀕行，告翁曰："君善人，有一事奉告：此地當遭水劫，宜預防之。"問何時，曰："視墟中鄉人互市之地，北人謂之集廟門外石獅流血，即其時矣。"翁信之，預購一船，而使人頻頻往視石獅。墟中人怪之，詢得其故，笑其妄。一日無賴輩戲以豬血塗獅目，翁家人見之，奔告翁，即盡室登舟，倉皇而走。人莫不笑之。是日午後忽大雨，數日不止，河流盛漲，近村皆成澤國，淹斃無數，唯翁先期去，得無恙。

傳奇中所謂佳人，大半出於點綴而成。《如是我聞》云：《西樓記》稱穆素暉艷若神仙，吴林塘言其祖幼時及見之，短小而豐肌，一尋常女子耳。從兄介眉云："古來宫中美女如玉環、飛燕、王嬙、西施，嘖嘖人口，無不以國色稱之，原其故不過因此數君以色寵而亡，不得不以傾國之名屬之耳。若王嬙，雖非亡國之女，亦以誅毛延壽而得名也。"余曰："是不必然，亦不必不然。大抵

① 玄，原作"元"，避諱字徑改。

史傳中有時不免緣飾，況傳奇所述乎？記昔人有句云‘吴王事事都顛倒，未必西施勝六宫’，亦此意也。”

《槐西雜志》載鵝鴨皆不能自伏卵，以雞代之，第不知最初卵生之時，上古之民誰知以雞代伏，雞不代伏，又何以傳種至今？百思不得其故云云。姑丈張榕石先生嘗舉此事以詢余，余曰：“此必有人誤以鵝鴨卵置雞卵中，雞伏之而出；或雞見鵝鴨卵，伏之而出也。”先生亦以爲然。又穀倉中置鵝鴨卵，以穀伏之亦出，是並無煩以雞伏矣。因是而思騾有牝牡而不能交，驢馬相交而産騾，又誰知之？而誰使之？天地生物，必有代補其缺憾者，而後能生生不已。“螟蛉有子，果蠃負之”，亦其一也。

又載漁洋山人《豫讓橋》詩曰：“國士橋邊水，千年恨不窮。如聞汪厲叔，死報莒敖公。”自謂可以敦薄，斯言允矣。然汪厲叔以不見知而放逐，乃挺身死難，以愧人君不知其臣者，事見劉向《説苑》。是猶怨懟之意；特與君較是非，非爲君扞社稷也。其事可風，其言則未協乎義。誠哉是言也![1] 余謂古人中如屈原放逐，自隕汨羅；賈誼憂傷，爰歌《鵩鳥》，皆不免怨懟之意。至先軫

① 上有批注：“《孟子》‘《小弁》之詩’一章，宜与此論作注脚，所幸者落筆輕耳。”

因釋晉囚而忿怒，自愧無禮，挺身死敵，觀其所言，亦與君較是非，非爲君扞社稷也。若介之推因禄不及，激而高隱以死，誰懟？其母早已言之："與汝偕隱。"特委曲從之耳。卒之匿迹空山，與草木同腐，所謂"一朝之忿，忘其身，以及其親"者非歟？[①] 緜上之田，善人之旌，吾謂其猶多愧焉。

臺灣多古木，其大十圍，高可參天。家笏山爲余言：昔游此地，見一大樹，似老而心空者，近根有一孔，因以爲門，出入者踵相接。與友同入觀之，中有草屋十餘間，高下不等。其高處以竹梯登之，牛馬雞犬，無一不有。四圍似有土墻環之者，此真别一桃源矣。相傳山後野番所居，尤多此類。土人云此地昔時居民鮮少，雖有大木，無所需用，此木自盤古以來未經斧伐。斯言殆不虚矣。

有黠僧欲求檀施，乃賂一丐者，與之約曰："汝於人衆時佯爲中酒狀，毁罵神像，我當與汝小酒食。次日汝即跪廟門外，僞爲神罰乞恩狀，則人皆信之矣。"丐許之。越日爲趁墟之期，丐如僧言，指神跳罵。衆人聚觀，謂此丐必干神譴。僧乃謝以酒食。是夜丐竟死，僉謂此神示報於丐，而不知實僧置毒於酒食而斃之也。自後香

① 上有批注："一朝有觸各行其是，此是古人質樸處，遑計後人有褒貶也。"

火日盛，廟宇聿新矣。久之有僧徒陰洩其事，聞者皆惡之，以無實據，乃逐黠僧，不使其居此廟而已。後此僧轉徙他鄉，窮餓而死，論者謂此丐以酒食之故，爲僧所愚冤矣；此僧自謂陰謀，而不虞其徒爲多魚之漏洩，窮餓而死，猶未足以蔽其辜也。

粵西銅鼓有二，其見於前明者無論已。我朝雍正八年，金中丞鉷撫粵，北流農民始獲其一。中丞謂非人間所宜私寶，恭進闕下。是年秋，潯江銅鼓灘下，漁人復得其一，遂置署東小樓，以壯觀瞻，即今之八角亭也。[①]按《銅鼓記》云："權之得一千六百五十一兩，絜之高一尺六寸有奇，周三其徑，腰微束，僅六尺九寸餘，底如其面而空，有蟾蜍疊踞，大小各六，重之爲數十二，意取律吕相生而應十二月盈虚之象與？中邊圓紋亦六十二道，疏密相間，内皆細文，不一其狀。旁有兩耳如環，用以舁。通體完整，不缺不窳。"舊志載伏波將軍南征交趾，舟載駱越二銅鼓，躍入八桂江中。後有得之者，旋失去。殆神物通靈，隱見無常，將以待有德也。隨園先生作《銅鼓賦》紀之。道光間，梁茝林中丞復將所得文昌門外開元寺舍利石函一具置於鼓旁，俾與銅鼓結金石之緣，一時傳爲韻事。同治初年，樓遭回禄，石函與鼓俱化爲烏有矣。今所見銅鼓，聞皆出自猺山。猺俗舊有鑄鼓之例，卅年一大鑄，十五年一小鑄。以猺笙配之，爲迎神賽會之曲，音節入古。今停鑄已久，鼓漸稀少，徑不盈尺者尤爲難得云。

---

① 上有批注："重一百零三斤三兩。"

桂林陳蓮史方伯初名守恪，後易名繼昌，得三元後，其家門聯署云："當朝一品，及第三元。"蓋方伯爲陳文恭相國曾孫，世居西鄉三塘橫山村，官職科名，一時無兩，知其先澤所貽者遠矣。粵人至今榮之。

咸豐初勞文毅公撫粵時，遍地皆賊，兵餉兩無，大局岌岌危殆，心竊憂之，游太守長齡贈一聯云："能喫虧，能忍辱，能經凍餒，治劇理煩，迺得具膽識滿腔，出而幹天地間事；不動氣，不恃才，不弄機權，登高行遠，衹知有道義一面，傍以全風浪中身。"公笑曰："得之矣。"因謂僚屬曰："各宜以此爲訓。"

廣東韶州許大令鶡以孝廉爲某邑令，咸豐初髮匪陷城，遣戍[1]軍臺。嗣有興寧縣陳仙苑大令登漢亦以孝廉大挑，官直隸某縣令，髮匪陷城，受重傷瀕死，賊棄亂屍中，遇救得醒，醫月餘，竟愈，尋亦遣戍軍臺。兩人相遇戍所，交甚厚。陳病將死，以遺骸托許攜歸，許諾之。期滿釋歸，恐負所托，又苦乏川資，遂入京告貸於同鄉。京官清況，資助無幾，時余客津門，主閩粵會館，鍾遇賓比部函囑余贊成之，因向閩廣各商捐助二百餘金，許復往軍臺攜陳柩歸粵，囑其家迎葬之。許回籍，鄉人重其高誼，延請主講書院，數年後家亦小康，曾有函寄余

① 戍，原訛作"戌"，下文"尋亦遣戍軍臺"同。

云："前年納一姬，今已生子，日長大矣。"論者以爲厚德之報云。此同治三年事也。

咸豐丁巳，蘇虞階中丞權篆平樂郡，前守唐公鑑城内原建有鏡海書屋，蘇易爲愍忠祠，所懸祠額兩被雷擊，後不復懸。又光緒初潯州北門外有麥某，平素忤逆，一日欲將其母所飼小猪賣錢使用，其母不允，麥怒將猪斫斃，棄之河中，母哭駡不止，無如之何。次日雷雨大作，麥某被雷擊死。按雷擊不孝，世嘗有之，若祠額有何關係而一再擊之，殊不可解。

大凡暴殄天物者，其人必無厚福，子孫亦必淩替，而米穀爲尤甚焉。小説家載某富室厨房溝渠中每日流出米飯無數，比鄰某見而惜之，取回家中，用水淘淨，復晒乾，留爲糕餅之用，日久積存數缸，尚未售也。次年富室遭回禄，其子孫揮霍如故，日久漸衰敗，後竟有乞食者，偶至鄰家，鄰人無以應，取舊日所收之乾飯與之，丐喜而去，而不知今日之所取即向日之所棄也。彼紈袴之子回念及此，能無通身汗下哉？

卷　七

粵東某甲攜家游幕浙江，主賓相得，數年後主人病，臨危以一妻兩女相寄托，並懇其送柩回籍，時槖中尚有二千金，某諾之。主人歿後，挈其眷口扶柩回。中道甲忽萌不良心，謂主人妻曰："靈輀難返，不如暫寄中途，抵家後再飭人迎回可耳。"主人妻是之。復至一處，誑其登岸，即命舟子開船，揚帆而去。兩女先後鬻爲人婢。遂擁其資，改道回籍，自謂享用不盡矣。舟過洞庭湖，遇大風覆没，無一存者。其家尚有一子，已娶妻矣，後子早卒，妻竟流落爲娼，聞者無不稱快，謂天之報施不爽也。道光年間事。

楚南羅佩菊之錦游幕粵西，生平好行其德，軍興以來，凡鋒鏑死亡者，搜採靡遺，復輾轉爲之請恤，人多感之。幼失怙，其母守節以終，佩菊家貧而孝養備至，母歿後得請旌於朝，並繪遺像，乞人題咏。吾鄉王蒔珊少尉詩云："石破天亦驚，城摧鬼欲哭。血淚並吞閶闔迷，廿載心枯一塊肉。鏡掩鸞琴，鳴雉何難拼一死？白頭黃口何所恃？墜井投環，姑曰止止，死亦易耳立孤難。巾幗豈讓奇男子，存亡大事兼爲營。有子已請終童纓，軍門落日大旗横。八座拱聽談奇兵，樽俎神折衝，崎嶇潛締搆。河潤千里源崑崙，推恩錫類酬典懋。帝詔曰'母貞且賢，爾誠婦德慈教俱無愆'，綽楔彩焕光，星躔壽銘碣。遺貌重摩挲，題詞艷雲纈。予轉不能着言詮，貞義列傳從何説。爲問蒼蒼何以況苦節？古井波瀾，瑶池冰雪。"人謂非此痛快淋漓之筆不足以傳霜筠雪柏之操，良然。

道光間粵西游文石太守長齡，人皆知其爲冥判，每月兩次赴冥，無論日夜，閉門登榻，卧一時許，門外令人守之，醒則滿身汗下，若甚勞苦者，問之不肯言。有一素識者偶爲人作訟詞，夜夢爲陰司拘去，掌嘴二十，視上座即游也。朔望日詣城隍廟行香，一跪即起，拱手作長揖狀。或詢其故，微哂而已。嘗教人用黄紙書"幽明異路，各行其是"八字，可以驅邪云云。太守已故，遺存手書告示、案稿及畫行字皆可鎮邪。羅佩菊言。

舊城某公館婢僕甚多。其主母見庖丁某甲烹調甚精，人亦勤謹，詢其有室否，答言未娶。主母欲以某婢妻之，甲喜問此婢里居何處，主母一一告之。甲忽悵然，若有所思，緣甲幼時聘陳氏女，未過門，因兵燹離散，嗣聞陳避兵東臺縣，尋訪未獲，聞主母言婢購自東臺，姓氏、年歲無不吻合，故不勝駭疑也。主母曰：“此婢母家現住郡城，汝親往詰之。”甲如言往訪，果即幼時所聘者。蓋陳遷居東臺後，貧不聊生，又無處訪甲蹤迹，遂鬻女於某公館。見甲後互相驚喜，乃擇日合巹。主人又給洋銀四十枚，爲之添粧。數年隔絶，一夕團圓，始信世上姻緣大抵前生注定也。按此與《閱微草堂》所記某婢配圉人事相類，亦一時佳話也。

鎮江南鄉某翁饒於貲，年老無子，乃撫其姪爲子。姪本有家室，故承祧之分已定，而東房西舍依然各自分居也。翁生平忠厚待人，翁妻年已半百，忽懷孕，姪恐翁生子，必將財産瓜分，乃召穩婆至，賂以銀餅二百，謂生女則育之，生男則斃之，穩婆許諾。後翁妻果生一男，穩婆扼其腎囊而斃之。翁時在外室，聞嗷然一聲，穩婆遽以死告。翁付之天命，太息而已。旋以錦衣繡褓厚殮之，瘞於山麓。次日有過客見一犬，鳴躍甚哀，異而視之，則新土浮起，而棺蓋已開，蓋盜塚者發掘也。客見嬰孩，仰卧啼泣，俯身欲抱，而犬狂噬不已。客知有異，乃祝犬曰：“爾能引我至孩家，我當抱孩去。”犬即啣客衣，一似引導之者。客遂抱孩行至翁家，婢僕見之，趨告翁，不覺驚喜交集，謂爲天賜，急呼肴酒款客。方酬酢間，風雨忽至，巨霆驟作，姪與其婦皆遭雷殛，穩婆亦攝跪門外，手握洋銀兩封。翁聞而出視，穩婆自吐實情，且謂起意者已伏天誅，幸我未遭劫，願將此銀交還，望宥我也。語畢將銀交翁，戰栗[①]而去。翁肅然，叩謝天地，並與客訂交焉。事見《申報》。

咸豐間，部選全州吏目張少尉九儀到粵後，每朔望用黄紙硃書"諸神免參"四字，粘於門外，人皆怪之。署融縣喻大令某與張相善，瀕行，少尉贈一函，密囑抵融一月後方可拆閲，又履任三日内不可見捕官。大令如其言。捕官以爲詫，拜印時捕官來堂參，大令見而頭暈，不數日即殁於任。家人開函視之，内云"公乃火部星官，捕官祝姓，又屬融縣，火星見祝融，焉能久存"云云。觀此則數定不易，雖欲避之，不能也。按少尉著有《陽宅井明》諸書行世。

賀縣向祀陳王，最著靈異。咸豐間陳金剛股匪竄踞，賀縣官兵屢攻弗克。一日賊見芳林糧臺火光燭天，分遣夥黨馳往擄糧。是時官兵亦見城樓火起，蔣薌泉方伯督師進攻，遥見城上旌旗遍布，燈籠大書"陳"字，方伯料爲神兵相助，奮力攻擊，即將縣城收復。其實兩處均無失火之事也。嗣縣令嚴公正圻感神捍禦之功，爲王請加封號，以答神貺。至今邑人無不奉祀維謹者。

---

① 栗，原譌作"粟"。

容縣署乃唐時節度府舊基，城外點將臺久已頹廢，每天陰月黑，猶隱隱有金鼓聲，月出則止。豈事隔數百年、精靈猶未泯耶？是足異已。

少時聞吾鄉有富室某欲佔人祖墳，先期置小碑，僞造月日，埋藏四界中，旋以其故母舊骸迎葬之，勒令本主遷移。勢將興訟矣，其人自念貧無訟費，且恐其密謀已定，訟則終凶，忽憶佔墳之人所葬係女骸，因夜間取其祖骸並入女骸中，留一紙以遺富室，且告之曰："今我祖與汝母合葬，他日祭埽之事，悉以委汝矣，勉爲之！勿令先人不血食也！"遂避之外洋，終身不返。富室大慟恨，而悔之無及矣。

羅佩菊言：同治癸亥秋館富川縣署時，股匪李福猷由灌陽犯境，縣令楊公徽詩赴郡調團，居菜地沖孝廉麥先登家。是夕聞賊將至，孝廉眷口乘夜避往恭城，而父柩未葬，無術遷移，孝廉誓以死守，不離一步，衆方危之。次早賊由村前經過，竟秋毫無犯，一村賴以保全，人皆以爲孝思所感云。平樂教朱廣文允棠深悉其事。

又言：平樂刑書李某素有善行，某甲者緣案牽累，繫獄多年。李稔其無辜，爲言於刑幕周靜山，時縣令蘇公元符亦微聞其枉，遽釋之。未幾李患病，月餘，絕而復蘇，自云到冥司見蒯官，謂之曰："汝壽已盡，念汝曾行善事救人一命，遲十年再來可也。”後果如期而終。按蒯公名光焕，前任平樂縣令，勤政愛民，死爲明神應亦有之，李某所見冥官即此人云。

又言：同治己巳文太守滙攝理平南，時有賭匪農郁詳、龍亞豹二人，因賭負，路遇賣糖食者，年僅十四，將其刺斃，取糖錢瓜分之，未幾兩犯俱獲，太守因農有老母，僅以龍議抵。是年冬至日，農在獄患病，呼龍名曰：“我僅分錢一百七，汝分錢一百八，奈何苦我如是？”數日竟死於獄。此可見果報不爽，人雖欲宥之，而天亦必不容也。爲士師者念之哉。

山東黄縣有王姓者，身長八尺，膂力兼人，嘗負販於烟臺，余曾親見之。適過某洋行短墻外，頻頻内顧，似窺見室家之好者。往歲洋人見之，月給銀數兩，攜之外洋，到處遨游，日炫於衆，聞獲利無算。數年後仍返烟臺，張樵埜、龔靄人兩觀察皆有詩紀之。夫有過人之質而無過人之材，昂藏八尺，僅爲食粟之謀，是亦可哀也已！

道光二十七年，湖南新寧縣會匪雷再浩滋事，全州西延辦理防堵，粵西初次用兵也。是年省城榕樹忽悴，鄭夢白中丞祭而復生。次年興安武舉張鳳岡謀逆，附近各村樹木忽生小枝，形如刀矛，不可勝數。張匪平後，樹復如舊。戾氣所鍾，必有先見，理或然歟？

浙江嘉興縣某甲家小康，子亦年長矣，嘗貿易於杭、嘉二府間。鄰有走無常者，一日告之曰："昨在冥司見票有子名，子不久當辭世矣。"甲驚問其期，曰："尚有兩月餘。"甲聞言，自計杭、嘉間尚有賬務未了，即日前往，摒擋一切，歸途攜有餘貲數十元。夜宿村店，聞鄰婦哭甚哀，詢之則母女窮窘，爲債負所迫，將鬻女以償，已有成議矣。甲自念身將就木，資財亦復何用，遂往詢婦需銀幾何，曰十二千，遽解囊付之，另給以養贍銀，丁寧而歸。抵家後預召親友，自陳死期，揮淚告别，衆責其妄。屆期竟不驗，復詣走無常者問之，見則拱手賀曰："子昨以十二千救母女二人，冥司知之，已延壽一紀矣。勉行善事，勿責前言之妄也。"李子長大令言。

又言：浙江楊理菴檢討泰亨未第時教讀某家，寓小樓上，夜聞比鄰樓板似有重物墜地者，其聲甚厲，驚呼，無語，旋又聞之。次日鄰家閉門不啟，所親怪之，踰墻入，則一婦偃卧榻間，奄奄欲斃，旁有懸繩，已兩斷矣。驚詢之，則云："吾夫久出不歸，亦無音耗，家貧子幼，無以自存，念不如一死，而懸繩中斷，是以憊也。"所親慰藉之而去。楊聞之惻然，因詢其夫姓名及所往之地甚悉，預向東主支束修十兩，詭作其人家書，言在外經商獲利，不久將歸，先寄銀十兩以濟日用，覓一人以書投之。婦得書大喜，不復有他念。是冬其夫竟歸，亦少有餘蓄，詢前寄銀信事則並無之，亦不知何人所爲也。後楊成進士，入詞林，兩次典試湖南，人皆知爲陰德所致云。按此與《池上草堂》所記某生白卷獲儁事相仿，天之報施善人，良不誣也！

咸豐壬子春，髮逆洪秀泉[①]由永安州竄撲桂林，向軍門榮、烏都護蘭泰各由間道赴省救援。都護至南關外將軍橋遇賊交鋒，腿受重傷，軍士扶至陽朔城外公所養傷，旋薨於朔。軍門將至九塘，一老民扣馬曰："賊已至六塘，請繞道前進。"軍門令作鄉導，行約十餘里，老民飄然而去，其行如飛。軍門繞過六塘，入城未一刻，賊已踵至。環攻匝月，鋭不可當。卒能轉危爲安，賴軍門善守之力。僉謂此老民必係神人，軍門亦以爲然。

桂林有山魈入人家，患此者或被砂石亂擲，或被污穢攙入飲食中，人多畏之。光緒初有霸頭巷袁姓米粉店遇此怪，多方驅之不去，後有人用佛臬司在任時親書"秋官驅邪"四字送以鎮之，其怪竟絕。

金陵某觀察偶患微恙未痊，少尉某晉謁，仰視顏色，斂容告曰："憲臺清恙，似爲妖物所憑。"觀察驚問何妖，對曰："須以勅勒召之始悉。"命試其術。遂於室内布作森羅殿狀，請觀察盛服升座，書符誦咒畢，拍案喝令詳

---

① 洪秀泉，即洪秀全。后文同。

供，忽案下自應曰："某姓宋，廣西人。"詞未畢，觀察驚起，避入房，復易他人訊之，則以生時好狹邪游，虧累自盡，已孽滿，應付元和縣某家托生，貧無川貲，因觀察係舊主而兼梓誼，特來求助耳。少尉在旁大聲叱曰："汝自作孽，何與他人？乃敢惡作劇如是，論陰律當付油鼎。姑念孤魂可憫，今懇觀察賜汝冥鏹數百，由本法司備文移送該處城隍，解往生方，勿得有違。"鬼叩首謝。遂書符斥退。次日觀察病已霍然，人皆服少尉之神，並嘆其處分之當。世有畫師如吴道子者，當肖像祀之，爲終南進士之續。見《申報》。

前記温翰初先生《題春江喚渡圖金縷曲》一首，昨復於友人處見有《月華清題花影吹笙圖》詞，今並録之："何處瑶笙，昏黄時候，悄將朦月吹醒。積水空明，寫出半庭花影。任層層圍住瓊樓，恰一桁湘簾，深靚風定。正銀簧炙煖，爐薰未冷。　　底事閒階久立，見依約紅墻、玉繩斜耿。一縷遥情，似隔蓬山無盡。訝鱗雲低襯空青，渾不覺夜寒人靜。誰信早香濃，衣上露華深沁。"讀之令人低徊無盡。

吾州宋芷灣先生《詩話》曰："今人每喜作詩，余嘗謂哭不能如老杜，歌不能如青蓮，皆可不必作詩。今人每不喜人作詩，余嘗謂東家女子不能禁西家不哭其夫，西家女子不能禁東家不喜其子，皆不必不作詩。然則將何説之從？曰：只要好而已。”往在京師，嘗與友人論詩，余謂朱竹垞[1]、王漁洋皆一代才人，而世乃有“朱貪多”、“王要好”之譏，然則，“要好”亦詩家所忌，陸放翁有句云“詩到無人愛處工”，此語似更進一籌也。

家香鐵待詔釗《詩紉》云：“宋芷灣先生以太白、東坡之胸次，運少陵、昌黎之氣魄，豪情逸思，横絶一代。”嘗爲余言：“人稱某太史爲大家，然其學杜衹能到‘五花散作雲滿身，萬里爭看汗流血’等句，至‘當時四十萬匹馬，張公嘆其材盡下’，殊未逮也。”又云：“七古可攙入樂府句法，樂府却不能攙入七古句法。譬如作楷書參以隸體，殊有古意；若作隸書參以楷法，則俗不可耐矣。芷翁大句如《聞曹懷璞鮑子堅縱酒慨然有贈》云‘此才誕生勞大圜，併萬人力鑄一賢，若稍老之氣蒼然’，《馬折足》云‘横行萬里此馬足，雄心少挫亦馬福’，此與少陵‘當時四十萬匹馬，張公嘆其材盡下’一鼻孔流出。《雲南雲安寺茶花》云‘花葉不到處，精焰猶交馳。才大有如此，獨立隘兩儀’，此與東坡‘氣壓千畝槐’同胎孕於混元者。”其服膺之深如此。按先生與番禺張子樹維屏稱莫逆，嘗索觀所刻詩，良久掀髯笑曰：“一唱三嘆，入人心脾，我不如子；哀樂無端，飛行絶迹，子不如我。”可以想其詩境矣。

---

① 垞，原訛作“坨”。

于十，山東某縣人，向爲人司庖。妻余氏，年卅許，楚楚有致。于有中表某爲營卒，嘗往來其家，于妻見面不避。一日其妻忽爲營卒誘逃，于控之官，男女皆被執，堂訊則其妻本山東某商婦，商貿易京師，于執役其家。後商死，尚有微貲，于遂誘婦回家，竟成夫婦。久而貧乏，復出而司庖，人不知也。官斷婦歸于，其婦不欲，曰："我本無主婚，亦無媒妁，今渠無以贍我，不願從之矣。"官乃重責營卒，而遞解此婦回籍，于無如何也。人謂于誘人之妻，人亦誘其妻，天道之好還彰彰已，而爲于十者清夜自思，亦當啞然笑曰："自我得之，自我失之，亦復何憾!"

李仲修孝廉兆梅，廣西人，原籍嘉應州，自言爲冥司司科名册籍，人莫之知。劉雲泉吏部子本植舉京兆試，聞報，仲修曰"此人當繼乃翁成進士"，後果如其言。同治某科，李赴試春官，榜前告其友曰："今科榜上有余名，但須認明籍貫耳。"榜發有山東李兆梅獲中，衆始知其不謬。李後爲貴州某縣令。

同治壬戌，股匪張羔友竄入陽朔，陽朔捕姚汲泉少尉妻子僕婦七人，同時投入署前井中。賊入城大掠而去，各屍出井。後水色昏黯，城中人不敢復汲。署縣楊公徵詩爲姚孺人等請旌於朝，水即日復清如舊。又咸豐初，署北流縣蕭大令煊，城陷殉節，其妾某氏自縊於樹，其樹至今冬夏常青。

荔浦張羔友竄踞蓮塘，幾及十年。官兵探得其祖墓，墓前怪石林立，掘屍視之，遍體緑毛，焚之有聲，張逆旋敗滅。勞文毅公曾舉以入告。按此與米脂縣掘李闖祖墓事相同。枯骨何知？竟同助逆。子孫之不肖，累及祖宗，人亦何苦而爲不肖哉！

光緒初年，桂林榕樹樓一産婦臨蓐，兩日未生。次早黎明時，有營兵持鎗赴營應操，瞥見一人踰婦家門旁竹籬而入，兵疑爲賊，放鎗恐嚇之。産婦聞鎗聲，嬰孩即墮地，始知踰籬者非賊，乃邪祟也。又江西劉仲華云：廬陵某生精於易理，素與鄰居周某善。周妻臨蓐，三日不下，勢危迫。某生夜坐周廳，持劍讀《易》，忽來一少婦，始而笑，繼而怒，將奪其書。生起以劍逐之，婦倉皇走避，遺布一方在地，房中産婦即轉危爲安。布有血腥，遂以桐油化之。

融縣南門外孝女李氏，因父母無子且多病，終身不字。父殁後，商之其母，擇一族弟年十四者入繼爲嗣。未幾母兩目失明，女親視湯藥，衣不解帶。母故後爲其弟娶妻。迨道光三十年，女年逾六旬，其弟亦兒女成行矣。黄大令經史時權融縣篆，與劉廣文安泰以“貞孝奇節”四字旌其門。

小人智計往往過於君子。一人於地攤上見一綉鞋，工麗無匹，詢之價不甚高，但思既非成對，何用之有。賣鞋者曰："此物價廉，倘他處復買其一，不啻半價得之也？"一笑置之。他日復於某攤上見其一，量之則修短悉合，意以爲此鞋本一對，分作兩處也。購之歸，復至原處覓之，則無有矣。余聞老隆脚夫善竊物而不使人知，有某店寄鞋數十雙，查點則缺其一。次日某店寄鞋亦然。以爲竊則取一隻斷無用處，遂不疑之，不知其先後所取合爲一雙，而另取他店之成雙者换之，則居然一雙好履矣。妙想天開，一時無兩。

張戴人《方書》有咒果法，治瘧疾甚效，連歲不愈者，可用咒果法。果者，桃杏棗梨栗也，咒曰："吾從東方來，路逢一池水。水裡一條龍，九頭十八尾。問伊食甚的，只食瘧病鬼。"每念一遍，即吹氣果上，凡七遍而止。令病者於五更雞犬不聞時面東立，食訖安卧，忌食瓜菓葷肉熱物，無藥處可以救人。此咒近人彭昌祚《鎖録》載之，而不言咒菓。

鄧翼之言：湖南某鄉有女，未出閣，見同室有産子艱難者，心竊憂之。潛蓄貲百餘金，嫁後與婿約曰："枕席之事，吾所不能，請置一妾，爲君嗣續計，何如？"婿諾之。遂以所畜金爲婿納一姬，閉門自守，夫婦相敬如賓。未數年，妾生二子，子復娶婦抱孫矣。俗例得子有設湯餅會者，是日戚誼咸至，室窄無所容，婿不得已就宿於女，時女年已四十餘，猶處子也。未幾竟懷孕生子，比年五十，已連舉三子云，至今傳爲佳話。

咸豐間髮賊蹂躪江浙，幾無完區。嘉興某甲聞賊至，舉室逃難。甲匿山徑間，遇賊，伏死屍中，夜聞神語曰："此人合死沈三麻子手。"甲聞之，自念無所逃死，避之何爲？後賊隊至，徑前問曰："此是沈三麻子否？"問何故，曰："吾來就死也。"賊笑而揮之，如是者數矣。一日有母女二人逃賊至河邊，將渡河，渡夫索船錢，每人須洋銀三枚，否則不得渡，母女相持哭，欲投河。時甲尚攜有洋數元，慨然贈之，母女哭謝而去。越日，賊復至，甲詢問如前，有賊酋曰："我沈三麻子也。"甲告之故，哭求就死，賊笑曰："世間那有如此癡人？吾必欲生之。"遂挈而他往，未幾甲伺隙逃歸，人以爲此救人兩命之報也。子長言。

又言：浙江某科有諸生，某夜夢至文昌祠，適關帝來商本科中式舉人，並出闈墨互閱。某生藏神後，見解元文，熟誦之，餘則不復記憶。階下見二鴨，不知作何語，意似有所求者，神頷之，鴨始去。未幾入場，題文果如其夢，苦憶元文，不能誦一字，草草出場，自謂無復望矣。榜發竟中十六名，細憶之，則闈墨中本有此文也。又一生卷已被斥，尋補入正榜，詢其家則數世不殺鴨矣，某始恍然階下二鴨，蓋爲某生求名也。此可爲好殺生者戒已。

嘉慶間，山東李毓昌爲江南知縣，以核賑事。山陽令王伸漢懼發其覆，賂其僕李祥等，以毒藥殺之。復以腰帶繫頸，懸床上，而以自縊報。事發逮淮安守王轂、山陽令王伸漢各棄市；押李祥至墓前，極刑處死。贈李君知府銜，仁廟作《愍忠》詩，命勒其墓。事越六十餘年矣。光緒初年，山東縣令朱某有姪某甲，貪劣無狀，曾勒典肆錢若干，控之省委員某查實，擬稟揭。甲懼，與統帶防勇趙謀殺之，棄諸野，而以病發自戕報。委員有戚某就幕於鄰府，聞其事，上控之。朱縣令縱其姪先逃，欽差定案擬將朱革職監候，緝獲正兇再辦。有侍御王君者奏參此案，謂律重主謀，朱已縱其姪，則非不同謀者，比援李案，請從嚴辦理。後朱論棄市，而委員得賜恤，並賞五品銜。此兩事如出一轍，而皆不免駢首之誅，勿謂天道無憑、人謀有益也。

李慶福，字祝年，廣東英德人。通經史，工吟咏。入貲爲郎，由北流縣調知桂平縣事。始至即大閱團練，巡行鄉落，取不軌者懲治之。咸豐乙卯之變，親督兵民，嬰城固守，當賊上窺潯界也。與太守議，願出城召募鄉勇，駐蒙墟，成犄角勢，使賊不能逼，且以通運道。守奇其計，後恐巡防疏，不果行。五月下旬，賊在西北城隅，築張家祠爲礮臺，日轟礮，塌城墻數丈。公倡率諸軍，衝礮冒烟，堵填其缺，使完如故。八月城中糧絕，欲僞撫賊而緩其攻，以待外援。賊以數事相難，越兩日，城陷，爲賊執。歸舟值髮賊李文茂晝寢，舟懸有劍，欲抽以殺賊，猝不及出，賊覺，忿甚，叱之跪，不屈，遂支解之，投屍南河，懸首西關。民痛其死之烈，竊首級，走蒙墟埋焉，潯城復乃備禮，更葬於前太僕公塋旁。按此事載《潯州府志》。英德賴杏村云：聞當時竊首級埋之者，係李之老僕某，僕恐他日無人知，始終不敢離潯一步，爲賣菜傭度日。事平後，李有戚某爲龍州照磨，舟至潯遇僕，始尋獲之，迎歸其家云。杏村與李同邑，此語當不謬也。

張忠武國樑勛業冠一時，金陵三次合圍，大功未成，卒以身殉，時論惜之。余向欲采輯其功績，以備史乘之遺，偶讀何雲畡先生《忠武家傳》，謹删録於後：

> 公名國樑，字殿臣，廣東高要人。祖以上皆力農，父某早世，家貧，負販養母。性勇敢，孔武有力。初投營充健卒，立戰功，後退歸農。庚戌廣西盜洪秀泉等反，公爲衆所脅，不得已而往。旋聞有招撫之令，是時有向軍門榮駐師桂林，遂拔身來歸。向帥偉其狀貌，使留營效力，每出師輒居前敵，所向克捷。稍遷至都守，而洪逆等裹衆十餘萬進攻長沙，連陷武昌，破安慶，蹂揚州，踞金陵。奸民附之，衆至廿餘萬。北犯豫、晉、兖、冀，勢張甚。京師各直省戒嚴，詔向帥充欽差大臣，督師進討。

向帥重公勇，倚爲左右手，大小百戰，斬馘無算。顯廟亦耳熟公名，不數年由偏裨擢提督，優詔褒嘉，賞戴花翎。賊畏公如虎。向帥卒，遂有幫辦大江南北之命，賞穿黃馬褂，竝賜雙眼花翎，蓋異數也。公感上恩，益以滅賊爲己任。大帥和公春自以爲不及，軍務皆由公指揮。當是時天下咸仰聲威，朝廷亦倚爲長城。於是親統大軍，迭克鎮江、丹陽、金壇、揚州、溧水、句容、六合、高淳等數十城，又奪馬嶺、雨花臺、大勝關、錮陵閘、九洑洲諸要隘。賊險阻盡失，公遂進圍金陵。金陵堅峻甲於天下，賊復築天保城於鍾山，濬内外濠，據險固守。公以二萬孤軍攻其一隅，且無一旅之助，故前後圍攻，屢次未下。於是築距堙，斷賊糧道，賊窘甚，數出撲我壘，輒擊走之。城中賊十餘萬，至以草藥爲糧，羅掘殆盡，衆心驚惶。僞忠王李秀成與僞干王等謀曰："蘇杭爲財賦之區，若約外黨攻之，張必親援，則金陵之圍解矣。"衆然之。其黨攻杭州，破外城，杭州求援。公分遣總兵張玉良往，假公旗幟，賊見之棄杭走。及偵之非公也，遂徑趨鎮江，蓋以守鎮江者和帥也，料公必親援。公聞和帥被圍，急乃撤師，間關數百里，親援鎮江。金陵賊率衆尾其後，而公因勞得疾，抵鎮城，賊大至，公欲扶病出戰，左右力諫而止。已而我師少却，公憤然曰："固知非我不能也!"遂領軍開壁而出，賊見公，方欲奔北，忽大帥隊中有逆奴持洋鎗從後擊公，傷重墜馬，萬衆屬目，親軍不戰而譁。少頃公斃，按原傳謂此語本王子壽比部《漆室吟小敘》，言公被害事，謂賊憚公不得逞，故重賄某帥奴圖之云。我軍皆潰，賊返旆逐我師。賊恨公深，喜其死，群攢刺之，體無完膚。某帥見公爲己左右所斃，諱公死，初奏謂公無下落，繼恐獲罪，遂自戕。鎮江復失，蘇杭相繼淪陷，不數月江浙兩省郡縣半没於賊矣。或謂賊擾三江兩湖者十餘年，公未死，蘇杭安如覆盂，公没而蘇杭皆不守，則公之生死，實關蘇杭之安危，即金陵之克復，緣公築長圍斷其糧道，賊勢始蹙。克復之功，公亦與有力焉。初公之被害，無不浩嘆搤腕，及後朝廷亦知公盡節事，始賜謚“忠武”，世襲一等輕車都尉。今上即位，嘉公功，賜祭一壇，恩命有加焉。公修幹挺挺，目若曙星，紀律雖嚴而接下謙和，臨陣能於馬上接飛矢。每戰手提大刀，立馬陣上，先揮左右軍出，勝則麾親軍分兩翼衝入，輒大勝。如左右軍少却，即率親軍，身先陷陣，縱横盪決，萬衆披靡，蓋深得李衛公遺法，善於用奇，故所向克敵。又公賞罰公明，微功必録。性廉潔，每破賊所得金帛，盡給軍士，錙銖無所取，故統兵十餘年，身後無餘財，斯則近世所未有者也。被害時年未四十，天下惜之，嗚乎！天不永公年，使賊未盡滅，中興之功，未得身及其成。悲夫！文載何公《存誠齋文集》。何名曰愈，字子持，香山人。制府小宋先生封翁也。鴻按：忠武殉難時在庚申之歲，讀邸抄，顯廟有“張國樑身受重傷，策馬渡河，人馬俱歿於水，若使張國樑尚在，東南數省何至縻爛若此”。諭旨煌煌，則忠武身後有餘榮矣。

景海屏言：林貞伯中丞肇元少負才名。鄰有一女，美而有才，與林書塾相距不遠，慕林名，作書稱詩弟子，願從學焉。林許之。自是迭相唱和，雖非覿面，亦已神交矣。一日女潛囑一嫗，約林相會。林力拒不赴，次日即托故返家。後女亦另婚他族。會大比之歲，知其事者群以元魁屬之。是年林竟下第，人皆以爲憾。咸豐初，林公投筆從戎，以軍功保至觀察，不數年遂荐升黔撫云。據此則中丞識力堅定，自年少時已屬不凡，宜其日後聲施爛然，而爲黔疆[1]作保障也。中丞賀縣人，祖籍廣東嘉應州。

治瘧方用狗毛、桃葉、蒜仁和飯搗爛，候將發時，男左女右，貼脈門，過時除去。效許賓衢方伯傳方。

治寒瘧用白胡椒三粒，研末，傳膏藥上，貼腦後第一骨。骨在衣領間，捫之高起者是。輕者一日，重者三日即愈。膏藥追風者爲上，無則不拘。

---

① 疆，原訛作“彊”。

宋時一人患癰，發於胸肐，委頓而卧，似夢見一人，揖而坐，傳一方曰："用没藥、瓜蔞、乳香三味酒煎服之即愈。"果然。

卷　八

漢淮陰侯韓信已封齊王，以千金報漂母之恩，世多稱之，惟袁隨園《咏韓》詩曰："舊雨鍾離昧，成功酈食其。兩人都可負，一飯報何爲？"春秋責備賢者固應爾爾，後漢法正爲蜀郡太守，一飧之德、睚眦之怨，無不報復，擅殺毀傷己者數人。或謂武侯曰："法正於蜀郡太縱横，宜啟主公，抑其威福。"諸葛不從，曰："如何禁止法正，使不得行其意耶？"孫盛譏諸葛氏之言爲失政刑，余謂此等作用皆豪傑快意之舉，非聖賢大中至正之道也。然則聖賢將如之何？宣尼有言曰："不念舊惡。"又曰："以德報德，以直報怨。"無千金酬一飯之事，亦無睚眦擅殺人之理。

庸德之行，不求人知。東晉王延繼母卜氏，嘗盛冬思生魚，敕延求之，不獲，杖之流血。延尋汾叩凌而哭，忽有一魚長五尺，踊出冰上，延取以進母。食之，積日不盡，於是心悟，撫延如已生。此與晉王祥解衣卧冰，雙鯉躍出事如出一轍。延事親色養，夏則扇枕席，冬則以身温被，此與東漢黄香孝行亦同。今人多知黄香、王祥之孝，而不及王延，則亦有傳有不傳歟？

堂伯子超先生俊舉道光壬午京兆試，由教習期滿，以知縣用。先是先生告人曰："吾夜夢至一官廨，上懸一匾，書'公孫丑'三字，不知所謂。"解之者曰："公孫丑，齊人也。君其或者官山東乎？"未幾果分發山東，年餘卒於官。

咸豐初年，艇匪梁培友陷梧州，大南門外李姓婦某氏爲一賊酋所執，欲脇爲妻，婦紿之曰："此事何可草草？必須擇吉大宴賓客，方可成婚。"酋喜從之。是夕酋大醉，婦潛用小刀刺傷酋腹，登時隕命。婦自料無生理，投水而死。又有何少尉名值光，廣東人，在梧差委捕賊最嚴。梁培友陷城，何被執，不屈，賊剖其腹，仰面縶於桅上，貯油腹中，作燈燃之，慘不可言。容縣城守黄君壽山所述。黄籍隸蒼梧，知之最悉。羅佩菊爲余言："余謂軍興以來，忠孝節烈之湮没不彰者，何可勝道？此兩事猶嘖嘖人口，可知潛德幽光，久而必發。"而羅君闡揚之功，尤不可少也，録之以備輶軒之采。

江陰金湝生同轉武祥彙刻周畇叔都轉《鷗堂日記》，

名言雋旨，悦目爽心，因就其中擇取有關世教者録之，以資談柄：令芬問："善惡報施有驗有不驗，嘗見人有爲善不報，反致困阨，往往激而爲惡，此人如無善根，不應好善，如有善根，何以好善之心不堅？其説安在？"予曰："此人心中只有報施，並無善惡。其爲善也，只是歆動於報施耳。譬如秀才窮經，意在科第；商賈販貴賣賤，牟利而已。規其爲善之心，與殺人攫財之心更無分別。以自家有限之善，責上天無窮之報，是猶富人放債，倍息取償，其初心原不是紓財仗義也。殆至要挾不遂，激而成惡，固自必然之勢矣。此人於善並不曾好，何有善根乎？"爲善最樂，樂字最有味。舉天下聲色貨利、富貴壽考，無有樂於此者。更何降祥降殃之説能動其方寸耶？有所爲而爲，與無所爲而爲非，特境詣不同，要知兩人心上苦樂亦相去萬里。喫飯原是人生一最無益事，所以急於謀食者，亦謂不食便要餓死，餓死後便溘然與草木同盡，不能勾當自家本分事耳。人但有一日飯喫，便當趁此不餓死時，向自家身心性命用一日氣力。如今人營營擾擾，終日徵衣逐食，甚至亡廉喪耻、欺心昧己以博一日之温飽，由其心中只有'喫飯'兩字，並不曾向自家本分上一想。喫飯已飽，愚者袖手高坐，與妻妾道家常、弄稚子小女，過了一日；黠者博弈飲酒、近婦人，否則奔走官府、爭田奪舍、淩躐等輩而已。如此輩反不若田頭老農，捫腹看青山，心上混混噩噩，尚是入道之器也。今日有飯食便想明日，明日有飯食又想後日，三萬六千日中，心口耳目手足只以供喫飯之用，爲佐喫飯之具，將我與飯分明看作兩截，合作一事，究其初意亦只是怕餓死，試問不餓死便如何耶？真是大可笑事。

季眖拈“知耻近乎勇”句爲問，爲之設講甚暢，附記於此：此“耻”字即孟子所謂“羞惡之心”，原是人人皆有，只是苦於不知。譬如有人素常昏昏黯黯，一日出門見人家孝順父母、友愛兄弟，便陡然想着自家也有父母兄弟，却怎生不如他恁樣孝順友愛？心上便生出多少慚愧，便處處要去學他，這便是“知”字的根苗。此人孝順友愛，雖然都是勉强，然“勉强”兩字便是“勇”字的入手工夫，此夫子所以加一“近”字也。推之於一草一石，礙人行走，見人家薙除，便去幫他；丐者乞食，見人施錢，便去助他。要是處處耻不如人，故處處勇於爲善，所以“勇”字工夫必要從“知耻”做起。若開手便講好勇，則亂民大盜挺身犯法，何嘗無一往直前之氣？愚夫悍婦與尊長鬥氣，懸梁奔井，何嘗無至死不變之心？其病正坐不知耻耳。大凡教人知耻之法有三：上者巽詞開誘，次者法語激勸，下者以身令之。雖至愚極忍之人，未有不觸目動心、翻然自奮者也。此而不知感觸，斯亡廉喪耻，不復有人心矣。故孟子直云“無羞惡之心，非人也”，三字下得十分決絕，十分賤惡意思。

耐貧之法，只是退一步想。如當我地位，便想菜傭餅師其力作辛苦倍於我，而母子妻孥且每食不飽；便想委巷小家十二三歲孤露男子，饑寒伶仃，無顧問者，幸而得爲人家看牛、牧豕、刈稻、插禾，日得數錢買一餅，而泥行日炙，其苦又倍於我；便想街市乞兒，壞席破米囊，日酸嘶寒風虐雪中，求殘羹冷炙，幸而一飯，而明日不可知，其苦又什倍於我；又試想三四年中，大江南北其殘毁於賊者，奚啻數十百城？貧賤者不必論，論其富貴者，平日名園大宅、鮮衣怒馬、名姬俊僕，一飲一食之精，一耳一目之玩，並是我所不曾聞見，至今日而鶉衣藜藿、落寞窮途，試持我所日御之衣、日進之食，慨然贈之，此人之感激喜躍，此必然之勢也，凡此種人何可億數？而我獨能高引遠舉，不與其劫，真無上上之全福。所稍缺欠者，不過貧之一端。然古貧士，或三旬九食，或三日不食，我則朝饔夕飧未之缺也；古貧士或隆冬衣葛，或衣不蔽體，我則寒裘暑絡未嘗乏也。人生匱乏極是尋常，似此斫地呼天、痛哭發憤，此亦千古之妄人矣！

天下作樂事非一端，大都不能持久，久則或生厭、或生悔、或生憂悲，其故在取悦一時，初無真性情、真義旨耳。性情、義旨都根乎静，世俗所謂樂事悉寓之於動，此凶、悔、吝所由生也。欲其持久，得乎？予謂人生至樂，莫如天倫，次則無如讀書，但得二事具足，便可三萬六千日不出家門一步。至若朋友往來、山水吟眺、絲竹陶寫，雖亦足流連光景、灑濯襟懷，要亦當偶一爲之，未足言持久也。

士大夫平日讀書養氣，當自任以天下之重，一旦值國家大計，在所必爭，則批鱗犯顔，不顧禍福。稍一瞻望，便貽千古之譏。若區區一小政之得失，一庸臣之進退，連章入告，以市恩而沽名，即其心無他，亦不免自視過輕矣。千金之弩，不爲鼷鼠發機，諒哉言乎！

吾州鴈洋李某夫婦，素勤儉，家亦小康。生子一人，稍長即好賭嗜酒，賭負時輒取家中物以質錢，屢誡弗悛，無如何也。一日復歸家攜物而出，阻之不聽，夫婦深恨之，共取繩縛其子，將投諸河。子懼哀求，比臨河哭求知悔，且曰："如弗改過，再置之死，不敢怨！"夫婦如弗聞也者，竟推於河。子大聲呼曰："我罪不至死，何狠心如是！我死，決不令汝復有子也。"後繼一族姪爲子，年餘而死。再繼，亦然。人不敢復繼之。夫婦竟窮老以終。

大埔三河壩某甲，以操舟捕魚爲業。父子俱善泅水，而心術不良，每遇上流有漂没人畜過境，畜産則取爲己有，人口則無論死生皆剥其衣飾，仍推入水中。平日遇失水者，非有重賞，往往坐視其死而不救，人皆惡之。同治十年，三河驟遭大水，甲先登岸，見己舟已覆，子亦墮水中，急泅水往救，至中流竟隨波逐浪而去，父子俱溺焉，報亦慘矣。

吾粤潘姓，邑中大富豪也。花木園亭之盛，甲於一郡。每值春秋，游人雜遝，士女如雲。有某乙者家綦貧，與潘族素有瓜葛，親聞潘欲置妾，乙妻有姿首，因與妻謀僞爲他人女，而自爲媒，與之約曰："汝入門後自道其實，渠必不敢留，汝得身價數百金，夫妻食着不盡矣。"妻諾之。届期乙送妻往，比入其室，則百物具陳，炫人耳目，復有婢媪數人環侍左右，不啻頤指而氣使矣。乙妻心艷之。是晚潘來就寢，秘不肯言。次日乙往探，遂揚言曰："此我妻室，奈何據爲偏房？"潘聞之驚，詢其由。乙妻堅不認，乙亦無如何。或勸潘再給百金與之，乙始怏怏[①]而去。人謂乙之謀可謂巧矣，而不虞其妻見金夫不有其躬也。財得而人失，小人亦枉用其心思而已矣。賴瑞生言。

桂林學院煖閣門向來不開，三十年來張星使正椿、李星使載熙强爲啟之，張則因公被議，李歿於任。桂林營游擊署煖閣亦然。謝、德二公開之，亦被議。府、署二堂中門亦閉而不啟，秦文伯太守抵任時，眷口由中門入，未幾夫人歿於署，此真索解不得也。

---

① 怏怏，原誤作"快快"。

廣西衙署中門多有忌諱不開者，又有神靈居其中者。以余所聞，平樂府及平南縣署有榕樹甚古，相傳神係白鬚紅袍，見者必吉，游太守長齡、龔大令玉彬均親見之。又鬱林州署向有狐仙，同治初鄒心畬太守權州篆，於三堂之東建祠置牌祀之，曰“古君子”、“古淑人”。祈禱輒靈，亦常見形，相傳見淑人尤吉云。

康熙己未舉行博學鴻詞科，所徵士一百八十餘人。《鶴徵録》載：王阮亭《池北偶談》云“己未鴻詞内外薦到者共一百八十六人”，方渭仁《松窗筆乘》云“是時大臣科道題薦八十三人，各衙門揭送吏部七十二人，督撫外薦三十一人，共一百八十六人”，先徵士秋錦公《在京記》録諸公名摺人數亦同。至《愚山年譜》云“同試者一百七十五人”，《竹垞[1]年譜》云“同徵一百九十餘人”，俱屬舛誤云。當時取列一等彭孫遹等廿人，二等李來泰等卅人，授内閣中書舍人七人，未與試授内閣中書舍人二人，未試丁憂十四人，病故二人，致仕一人，患病行催不到十三人，與試未用者九十七人。吏部題奏奉旨：“邵吴遠授爲侍讀，湯斌、李來泰、施閏章、吴元龍授爲侍講，彭孫遹、張烈、汪霦、喬萊、王頊齡、陸棻、錢中諧、袁佑、汪琬、沈珩、米漢雯、黄與堅、李鎧、沈筠、周慶曾、方象瑛、錢金甫、曹禾授爲編修，

① 垞，原訛作“坨”。

倪燦、李因篤、秦松齡、周清原、徐嘉炎、馮勖、汪楫、朱彝尊、邱象隨、潘來、徐釚、尤侗、范必英、崔如岳、張鴻烈、李澄中、龐塏、毛奇齡、陳鴻績、曹宜溥、毛升芳、黎騫、高詠、龍燮、陳維崧、吴任臣、嚴繩孫授爲檢討，餘依議，欽此。”

《鶴徵後録》載：乾隆元年丙辰復舉行博學鴻詞科，是科内外薦舉共二百六十七人，惟元年與試，《李穆堂類藁》云一百八十餘人，《道古堂文集》云一百八十四人，《藤陰雜記》云一百九十三人，先從祖《敬堂隨筆》云一百七十六人，數各不同。即袁隨園親與召試，而《小倉山房集》云一百九十三人，《詩話》云一百八十人，不能符合。今按當時取録一等五人，劉綸、潘安禮、諸錦、于振、杭世駿；二等十人，楊慶汪、陳兆崙、劉玉麟、沈廷芳、夏之蓉、汪士鍠、陳士璠、齊召南、周長發、程恂；補試一等一人，萬松齡；二等三人，朱荃、洪世澤、張漢；已入詞館不與試四人；未試丁憂四人；病故七人；部駁不與試十四人；不就試二十五人；與試未用者一百九十三人。試題策問二道、《五六天地之中合賦》、《賦得山雞舞鏡》七言排律十二韻、《黄鐘爲萬事根本論》。補試題策問二道、《指佞草賦》、《賦得良玉比君子》七言排律十二韻、《復見天心論》。《鶴徵録》者，嘉興李君既方與其弟慶伯所輯也。

咸豐初，海陽吴孝廉之彦生平最信星命之學，或推其年卅五方能入泮，時吴年僅二十，童試時即以卅五歲填册，是年竟獲雋。又推其四十五當舉於鄉，吴核計其時非鄉試之期，心竊疑之。迨乙卯粤東土匪滋事，擾及省城，竟停科，次年丙辰奏請補行，乙卯正科揭曉，吴中式第七名。聞報後因赴大埔原籍謁祖祠，肩輿入山，徑窄而險，下輿步行，竟墮山下，傷重，翌日即死。潮人爲余述此事甚詳，且謂數有前定，吴非增十餘歲不能中，亦不能死也。余謂數果有定，何以年歲由人增減，而數即隨之？豈所謂數者循其名不必核其實耶？噫！異已。

吾粤徐大令有折獄才，或傳其署南海時，有寡婦獨處一室，食貧度日。時方盛夏，有某甲窺其年少，且欺其家無人也，一日傍晚突入其室，逕前摟抱之，欲肆無禮。婦情急口齧其左膊，復大聲呼救，鄰近爭集，甲釋手而逃。昏夜不辨誰何，次日鳴於官，官詢其情，問同室尚有何人。婦曰："家僅飼一母豬，無他人，亦無長物也。"令曰："得之矣。飭役拘母豬至，吾將訊之。"因遍諭近村人家，凡男子十六以上，均須到堂聽訊，不至者飭役查拘。是日來署者千人。令升大堂，閉頭門，復縱之出，諭人皆弛衣，驗其左膊，至百餘名，果得真兇，蓋令逆知此犯必近村人也。又一日，有販油者挑至街市，忽被一窮漢撞倒，油傾滿地，其人大哭曰："吾家俱靠此油擔度日，今若此不汝貸也！"遂扭其人不釋手，勢將拼命。令適過之，拘兩人入署，窮漢曰："油擔非我撞倒，彼自不謹耳。且我又安得分文賠彼哉?"令笑曰："此事曲直，當問街頭石自知。"飭役取街石，明日訊之。次日升大堂，來聽者亦千餘人。因諭人各出錢三文始准入署，得錢三千餘，召挑油者至，曰："以此錢償汝，不必拼命也。"一笑釋之。其機警類如此。

乙亥七月初旬，京師天氣炎熱，同日倒斃道路者數十人，詢之多街市賣冰者。竊訝冰可解暑，凡盛夏，人家無不藏冰者，賣冰之人有冰可食，何至爲暑所傷耶?識者曰："此非死於暑，死於冰也。蓋若輩奔走酷暑中，汗出如雨，邪即隨汗解。食冰則汗止，汗止即邪伏於中，旋熱旋食，邪亦愈入愈深，深則不可救藥矣。譬之受火傷者，須防其火毒内攻，徐徐解之。若遽以至涼之品治其外傷，則毒氣内藴，未有不死者也。"此語見理深細，非燥心人所能知也。

凡案情有關生死出入者，最須謹慎。咸同間有孫君小雨館臬幕，時辦一鬥殺案，將定稿矣，忽見窗外一人，身體魁梧，燈影中往來無定，心疑有冤，遂與居停竇小村廉訪言之。廉訪委員另審，則原擬抵償者乃一頂兇之人也，遂平反之。嗣訪聞頂兇之祖某體甚肥胖，知爲此鬼現形無疑也。又源覭田太守攝理來賓時，有一命案，原報情節支離，心竊疑之，寢後復起閱狀，忽來一大蝶伏狀面，太守以扇驅之，蝶咬其手捥始飛去，太守益疑有冤。嗣多方查訪，係屬一家五命，屍親不敢實報者，恐兇犯加害其幼子也。高要梁鑑波茂才時在幕中，聞其事。佩菊言。

上海有善士創立一文願助施醫藥。其法先立八册，分派善士勸募，每願一文，自一願至千萬願，隨緣樂助，每日可得數千文。如能勸至一萬願，每日得錢十千，即可常年施醫施藥，經費不致告匱云。摘録原啟大略於左：錢集一蚨，共聯一會，法以一文爲一願，多寡隨緣。例須一日收一錢，始終不改。一年期滿，閏月一體捐收，一月彙齊，名數一俱登報，務使一絲一忽一點歸公，各宜一德一心一力捐助，青錢一選，諸君指本一彈，白鏹一投，貧病根歡一拔，伏願仁人善士大筆一揮，無論閨秀才郎錦囊一解，多多益善。何妨一萬一千，落落大方，願指一倉一囷，一言一語，鬼神一一聽聞，一善一功，兒孫一一受報云云。余謂此法隨地可行，如能推廣之，亦地方一大功德事也。録此以告世之好善者。

江西某甲者，向在各衙門爲門閽。性狡黠，善伺人意。以其有帶肚錢本官借跟隨之錢赴任者，俗謂爲帶肚，故能挾制官長。凡稿案、錢漕，無不以一身兼其役，所得不計其數。曾以某事聳官，革一生員，以致釀成命案。甲亦被逮，瘐死獄中。而其妻亦以虐斃婢女，繫獄七載，在獄時起居服飾仍極奢侈，渾忘其爲羈囚也者。甲生平所積蓄者，數年已盡，復售房屋以繼之。後奉部文，甲妻絞決，而甲之母女子媳等亦於兩月内先後物故。向所見爲貲財充牣者，曾幾何時已不可復問矣。造孽者果何益哉！按此事見《申報》，惜未舉其名。

宋繼五少尉紹昌，吾鄉芷灣先生四世孫也，出一册見示，皆先生同輩詩人投贈之作，録其尤者，以見一斑：吴蘭雪嵩梁詩云："君理岳陽櫂，湖天浮洞庭。七十二峰吐華月，照見湘娥眉黛青。君陟飛雲岩，再揖牟珠洞。洞泉滴水水爲冰，雲氣浮山山欲動。巴蜀送君持使節，青天入峽江出峽。惜哉佳句散如烟，一麾萬里今十年。滇南詩境尤瑰奇，洱海怒濤天半飛。點蒼山積太古雪，一雪暫消雲補之。龍潭花發唐梅樹，香入人天無覓處。定光寺裏紅山茶，雷火燒空十丈花。看花君載千壺酒，醉膽輪囷大於斗。萬古茫茫兩謫仙，太白子瞻誰抗手？大别山高江漢回，樓頭黄鶴忽飛來。看君一笑揮椽筆，撑拄乾坤要此才。"《宋芷灣觀察由湖北督糧入覲出其别後詩見示即送出都》。鮑覺生桂星詩云："長安歲暮風雪裏，故人飄然來萬里。點蒼山色墮吾几，几上新詩五百篇。斧藻月露模山川，捫之字字生雲烟。雲烟過眼宦游迹，滇海薊門看歷歷。昔也神仙今牧伯，憶我别君黄鶴樓。君南我北幾春秋，至今梅花江上愁。梅花自是君家物，鐵作心腸冰作骨，寫入詩篇生氣勃。我賦閒居滯帝鄉，君吟白蘋洱水旁，人生出處嗟何常！讀君詩還勸君酒，酒盡一杯詩一首，此後新詩能寄否？”《題宋芷灣同年洱海詩即送其還滇守任》。何子貞紹基詩云：“妙詩長札眼飽經，累數千字繁比星。當時愛士有特識，勖哉筠颿偕籥庭。籥庭已矣筠颿健，甫脱郎潛來執憲。弈弈猶珍墨卷多，遥遥同證丹心寸。豐湖水遠海有烟，典型好在資流連。樽前一掬西州淚，引我回頭四十年。”《題宋芷灣丈尺牘卷爲戴筠颿作》。“先公執友芷灣老，我獲侍書髮未澡。醉中落筆風雨驚，破壁高墻滿詩草。班張賦手寫帝京，榮華天秀聲鏗鯨。鐙前手稿出付我，謂當擒藻來蓬瀛。過眼年華疾如駛，我甫壯年君遽死。晴川高閣焦山亭，大字華星照江水。”晴山閣、焦山俱有公大字題壁詩。《題宋芷灣文賦稿》。嘉慶壬申大考，帝京賦文攜稿過寓見賜，今始檢出裝成橫卷。

粤省有某鄉某甲者，娶婦月餘，夫婦仳離，婦竟大歸不返，數年不通音問。甲不復娶，遂納一妾焉。次年因事至鄰邑，有友招一妓侑酒，甲爲之傾倒，妓自言本良家女，不幸遇人不淑，遂墮青樓，已訂同心，願偕白首。甲惑之，遂攜妓歸，賃宅於羊城，有樂不思蜀之意。無何母、妾聞之，偕至羊城，逼之歸家，細詢始末，則此妓即某之故妻也，不得已同返故鄉，重爲夫婦。其妾不肯下之，婦乃自居妾下焉。論者謂此婦雖樂昌之鏡重圓，而嫡庶之分已易，可謂無耻矣。若某甲者，爲之妻也則棄之，爲之妾也則嬖之，均此一婦，前後視若兩人焉，尤足異已。

某將軍延一西賓以訓其子，訂期入塾。是日西賓至，不見東主，詢其僕，曰：“主人有事，未暇出見也。”有頃延入，則主人箕踞而坐，令兩婢子洗脚未竟。詢西賓曰：“今日入館耶？”曰：“然。”主人頷之，不復發一言。西賓出，怒其無禮，擬辭館。友人力沮之，曰：“當爲東主言之。”遂往見將軍，並告以隆師重道之禮。主人諾之。翌日持柬延西賓至館，將軍盛服出迎，致敬盡禮，備極款洽，西賓乃喜。日方午，復盛服至，曰：“請午安也。”日將晡，又盛服至，曰：“請晚安也。”西賓力辭之，明日復然。日凡三至，西賓厭其煩，後仍辭館去。蔣筠軒言。

有爲吏而貪酷者，或署其門云：“無子無孫，到底爲誰作孽？有妻有妾，何不以身發財？”見者絶倒。余謂此語雖失忠厚之旨，然言者無罪，聞者亦足以戒也。

前明吾粤海忠介公清節蓋世，人以包孝肅目之。世所傳《大紅袍傳》多紀其事，皆俗人附會之詞。余讀其《居官箴》云：“無任威恣臆，以國憲適吾喜怒；無狥情傾法，以民命視若蠕蠉。無以其瞋目强項、納舌蹪足，故加以深文巧詆之愆。杖頭人鬼判，筆底死生連。一髮摘知痛，一指嚙知憐。一日服敲扑，三時耒耜懸。一夫繫圜扉，八口釜鬻捐。動植皆是命，血月[①]總關天。所以于東海，仁聲億萬年。”此與堯之三宥、湯之解網同此慈祥，吾願世之居官者日誦此箴，書之坐右，庶幾案下無冤民也。

明正德間，朝廷開設酒館，酒望云：“本店發賣四時荷花高酒”，猶南人言“蓮花白酒”也。又有二扁，一云“天下第一酒館”，一云“四時應饑食店”。朝廷設酒肆，奇矣！按《南史》：東昏於苑中立大店肆，以潘妃爲市令，自爲市吏録事，又於埭上設店，坐而屠肉，民間謠云“閱武堂，種楊柳，至尊屠肉，潘妃酤[②]酒”是也。又《通鑑》：漢靈帝作列肆於後宫，使諸采女販賣。更相盜竊、爭鬥。帝着商賈服，從之宴飲爲樂。《晉書》：太子遹於宫中爲市，使人屠酤，手揣斤兩，輕重不差。其母本屠家也，故太子好之。又會稽王道子使宫人爲酒肆，沽賣於水側，與親昵乘船就飲以爲樂。《宋書·五行志》並謂道子身自貿易於其中。又宋營陽王未廢時，亦於華林園爲別肆，親自酤賣。是皆明以前事。《陔餘叢考》。以貴人而樂摻賤業，正不知所樂何在也！嘻！異已。

① 月，同“肉”。

② 酤，疑當爲“酤”，見《南史·齊東昏侯本紀》。

康熙間考取鴻博五十人，同授翰林官，訖有問閻百詩此中人物云何，閻曰：“若吴任臣之博覽，徐嘉炎之强記，可稱二妙；若李因篤之杜撰故實，汪琬之私造典禮，恐亦未必有三焉。”一時流傳，以爲口實。見《宸垣誌略識餘》。

明天順初，英宗大獵，從官皆戎服弓矢以扈蹕，應制賦詩。有祭酒劉某詩，以“琱弓”爲“弓琱”。大學生輕薄者帖詩於監門云：“獵羽楊長共友僚，琱弓詩倒作弓琱。祭酒如今爲酒祭，衙官何以荅[①]廷朝。”有翰林應制詩誤“翁仲”爲“仲翁”，黜爲揚州通判。或作詩嘲之云：“翁仲如何作仲翁？只緣窗下少夫工。當時誤點爲林翰，罰汝揚州作判通。”此與《諧鐸》所云“庚倉、勞伯”之語均足資一噱也。

湖南某觀察，江西人。相傳觀察年廿餘時，偶入道旁厠中，拾一滙票，銀十五萬兩。心竊訝之，繼思失此巨款，其人不知若何負累，決意還之。守候兩時許，果見一人倉皇來覓，則滙號中店夥也。觀察詢其銀數符合，遽將滙票給還。其人邀至號中，謝以酒食。東主聞之，曰：“此人誠實不欺，君子也。”詢其家貧，遂留入夥，以十五萬所得之息，統以歸之。數年後，凡所經營，無

① 荅，原作“達”，底本改爲“荅”。

不厚獲其利。年未四十，已富甲一郡云。觀此則富貴在天，人當自安義命。若觀察之一介不取，亦當世所稀也。蔣筠軒言。

光緒五、六年間，湖南永興縣某鄉有姑媳同居者。姑目失明，媳年廿許已寡，欲再醮，而族中皆以養姑責之，無如何也。一日托詞歸寧，潛置藥餅中，告其姑曰："饑則於某處覓食之。"姑諾之。媳逕出門去。姑饑欲食，正覓餅間，忽來一人，自稱乞丐，婦告以所苦，丐曰："此餅不宜食，盍以賜我？我囊中有飯，即以相易可也。"姑飯訖，丐持餅去。媳歸，見餅已亡而姑無恙，心訝之。他日復置餅如前，出門。丐復來，仍以飯易餅，謂婦曰："實相告，我非丐也。念汝凍餒，我有舊衣二件，舉以贈汝。"言畢留衣逕去。媳歸，姑告之故。媳取其一衣，甫著身，即撲地化爲獸。姑聞屋中有聲，似牛鳴，驚呼。鄰右畢集，視其媳已變爲牛，目炯炯相視不能言，惟手足仍作人形。群相驚訝，久乃知媳不孝，欲害其姑，神降之罰也。鄉曲中作歌繪圖紀其事。吴寶生云。吴永興人，其言當不謬也。

賴杏村傳治對口瘡方俗呼毛虎：用生鯽魚置便桶中，少頃取其尾，加大梅片，並人頭上泥同搗，敷之愈。須留毒口爲妙。吴志伊云：初起用濕灰麵，將四圍箍住，留頂，用酣杏仁去皮，對劈開，用一片貼頂上愈。伊曾試驗云。

治白濁方：用鴨肉燉雞屎藤，食之即愈。又方：用木瓜熬水沖蜂蜜，時時飲之愈。鍾遇賓云：木瓜和蜂蜜爲丸，可治楊梅瘡毒。屢試皆驗。即熬水和蜂蜜，飲之亦效。蘇州葉天士秘方云。

催生方：用素心蘭花置書帙中勿用指掐陰乾，難産婦以二朵嚼碎，白湯下之，腹痛立止，再痛即産。奇驗。

《香祖筆記》云："治難産，用杏仁一枚，去皮，一邊書'日'字，一邊書'月'字，用蜂蜜黏住，外用熬蜜爲丸，滚白水或酒吞下，此方乃異僧所傳云。"

安慶徐姓傳有戒洋烟方：用粗大粉甘草一味，不拘兩數，用水熬之，作黑色，去渣，煎膏。初以烟九分入甘草膏一分，繼則烟遞減而膏遞加，癮極重者，半年亦可斷根云。見《申報》。

古梅汀言：道光間由家赴省，路過岐嶺之藍關，有數客言昨日距此數里有一奇事。細詢之，則有福建客梁姓者，背負行李過山，突來兩賊，以墨塗面，持刀行劫。梁知不敵，曰："行李由君取去，勿害我命，何如？"賊不允。梁曰："吾知之。吾前生與子有仇，今來相報，昨夜神已示我矣。無所逃死，但求緩須臾，作一紙書告我家，冀他日知我所在耳。”二賊相顧，曰：“誠如子言，若殺子，他生子將仇我否？”客曰：“冤冤相報，他生事又誰知之？”賊躊躇良久，曰：“我不殺汝，以免他生報復。惟前生已有仇，子當受我刃，傷以解之。”言畢各以刀劃其手足，血出而止，舍物竟去。此不知是仇是賊，令人莫測也。余謂此賊知有仇當報，而不肯再結後世之仇，亦大智慧人哉！若以墨塗面，舍物不取，非報仇而何？

又言：鄰有牧童阿蘇者，年十三四，每日驅羊入山。一日晨起，遇同族阿懋。童問何往，曰：“到古震伯家。”問何事，曰：“料理賬目耳。”比阿蘇返，過阿懋門，則其人已於昨夜死矣。駭極，走詢古震伯家，則是早已生一子，疑即阿懋托生也。後十餘年，古震伯死，此子隨人至外洋經商，聞已挾貲歸家，尚可小康也。然則投胎轉世之説信有之矣。

又言：署内有裁縫古坤成者，與膳夫龔姓比屋而居，二人妻室均有娠矣。坤成養一子，七日而殤，甫死而龔子即生，兩家僅隔一墻，時刻均無先後差。後龔子亦數日而殤，此亦轉世投胎之一證也。《灤陽消夏録》載：孫峩山先生卧病舟中，忽似散步到岸上，後入人家轉生爲子。至三日，婢抱之浴，失手墜地，昏然無知。醒則仍卧舟中，家人云氣絶已三日。急取片紙疏所聞見，遣使往告是家云云。紀文達謂“暫入輪回，旋歸本體，無故現此泡影，誠不可以理推”。儒者高談性命，謂輪回之説爲理所必無，夫豈通論哉？

跋

文章之體要，有紀有論。紀者，本其事而記載之；論者，討其理而紬繹之。欲其微而顯，婉而成章，兼備其體焉。尚已世傳幽經怪録，如《睽車志》、《述異記》諸書，其辭洸洋，其事怪誕，是紀叙也，非論斷也。迨至近賢考往察來、著録勸誡，如《池上草堂記》、《廿二史感應録》諸篇，明果報之陳迹，拯陷溺之人心，迪吉逆凶，有關世道匪淺，然亦皆紀叙也，非論斷也。蓋逞瑰異，不置褒譏，則命意多晦；尚空語，不證事實，則取信無徵，揚子所謂“事勝辭則伉，辭勝事則賦，事辭稱則經”，兼之者其惟硯賓太守《逸農筆記》一書乎？太守經爲人師，行爲儀表，自其封翁允初先生陰德及物，履盛福昌，平居尤喜談忠孝事，亹亹可聽，於今精神矍鑠，子若孫科第踵起，名位日隆，積善餘慶之説，愈足深信！太守繩承世德，樂道人長，以名孝廉官農部者十載焉。好屬辭比事之學，足迹所至，凡山川之奇、民物之異、善惡之報、因果之源，大而辰告訏謨，小而街談巷説，見聞所及，筆之於書。每事輒綴以緒論，間雜詼諧，是合紀論爲一體者。天人感應之理，不益精切著明乎？今之法戒善書多未判決疑義、綜論得失，觀者易疲，聽者易倦。夫聆土鼓之音，不樂傾耳，有金石以諧之，則移神矣；薦大羹之味，未能説口，有醯醢以調之，則屬饜矣。太守此書，至理名言，處處引人入勝。余惜其秘而弗傳，急慫恿之以付梨棗。洵所稱有嘉言懿訓以垂世者，後必昌大，其在斯乎？他日流布人間，奉若金繩寶筏，將彰善癉惡之道於是乎明，酌古命今之才於是乎見，即慶鍾祉及之，休徵亦於是乎驗，爰敬跋數語以爲福報之操券云。

丁亥夏四月王悳琛謹跋

附　録

黄際昇黄鴻藻傳

（光緒）嘉應州志

黄際昇，字允初。性和易，處事練達。同治乙丑三四月，大饑，米斗至千五百錢。際昇初與州人士捐貲爲義倉，至是議者欲按户散賑，際昇堅持不可，曰："州人雖貧，然愛惜聲名，今曰賑，則故家寒士不得分潤者多矣。且倉米無幾，如此恐不足數日糧，糧盡何以爲繼？計不如煮粥，碗三錢。人得六錢，足支一日矣。收其貲，又可續糴，此名曰賣而實賑也。"從其言，全活甚衆。州民向納糧，吏胥必令罄納乃給以收票，貧家百方羅掘，常不足額，貽累無窮。際昇乃言於牧伯文壯烈公，創設糧房於堂皇側，無論多寡，均得自便，州人至今稱道弗衰。卒年八十有三。

子鴻藻，字雁賓，號逸農。咸豐乙卯舉人，由户曹改官知府，分省廣西，先後督辦南寧、梧州釐務。時法越事起，王師聯翩出關，飛芻輓粟，羽檄交馳。粵西故瘠地，南征軍餉皆挹注於南、梧兩釐局，鴻藻力籌調撥，士飽馬騰，無失時也。李中丞秉衡心識其人，後得其條陳，益以爲深知時務，舉越南善後事宜專屬之。以勞績加三品銜，升用道，己丑署思恩府事，辦蠶桑，修書院，教養兼施，政聲卓著。辛卯去任，卒於家，年六十有三。著有《逸農五筆》、《退思書屋詩文集》。弟鸞藻，同治庚午舉人。光緒戊寅歲饑，偕州人士發義倉穀，設廠平糶，不辭勞瘁，鄉里德之。選授高州府信宜縣訓導，到任未幾卒。鴻藻與父際昇皆以其子遵憲貴，誥封榮禄大夫。《采訪册》。

先考思恩公述略

黄遵憲

府君諱鴻藻，字硯賓，號逸農，先祖長子也。少俊穎，年十三喪母，哀毁如成人。曾祖母李太夫人奇愛之，攜之往滇，及歸，而聞譽隆洽，聲儁一黌，小試詩文，無不能者。顧屢試不得志，知州文壯烈公有子名星瑞，極賞府君文，屢試高等，至癸丑始進學。學使者，河南吴南池祭酒保奏。益發憤力學，逮咸豐丙辰舉於鄉。主試者王嘯山侍禦發桂。時年十八歲矣。當是時，家業鼎盛，府君請於先祖，輸資爲郎，遂以主事分户部貴州司行走，資糧刀布，仍取之於家。

府君日與都中賢士大夫游，文酒之會，歡宴無虚日，學業乃日進，若鄧鐵香鴻臚承修、鍾遇賓侍郎孟鴻、何子莪宫詹如璋、龔藹人方伯易圖、秦文明廉訪煥其尤著者也。或謔府君："人言長安不易居，故宋有黄居難，今以君處境，當繼白居易爲黄居易矣。"然中更喪亂，家鄉蕩盡，府君乃不得不分印結金以贍家，俸薄仍不足，復於天津、芝罘主潮人商業會館。潮人會館例延鄉宦作董事，雍正間曾奉諭令董事保護商人，其體制略如領事。既久上春官不得第，益鬱鬱不樂，思改外官，而力未能也。

歲戊寅，遵憲隨使日本，俸稍厚，乃改知府分發廣西。到省後，迭委要差。壬午充文闈外監試，己丑充文闈内監試，是冬檄署思恩府知府。思恩爲王文成公舊治，有陽明書院，久傾圮矣，府君修復之，乞中丞請於朝，以文成公例入祀典。又請御書扁額，得“教衍雲岩”四字，懸於書院。府君以朱陸學派，異流同源，因主張良知之説，舉其平苗傜之功以勸勉，思人復知向學。及去任，遂以府君畫像供座側焉。廣西土瘠産薄，安陽馬中丞丕瑶創興蠶利，府君一意奉行，先祖復貽書督之。府君與紳士約以種桑多寡課殿最，遣人往潮州購種分布。時以微服巡行塍野間，與老農村嫗課晴話雨，笑語爲樂。不數月，蔚然成林。中丞大喜，語僚屬曰：“以儒術飭吏治，黄太守之謂矣。”又手書柱銘以贈云：“學道能精明世故，性天内見涵養工夫。”蓋紀實也。

府君平生多順境，咸同之間，髪賊陷嘉應後，復聚殲於州，府君適居京，前後客京師二十年。庚申英法之難，府君又適歸家。處亂世間，未嘗見兵革，未嘗厄水火，未嘗遭風波。弱冠至老，居曾祖母喪外，未嘗服縞素服。家政概由先祖綜理。逮先祖開八秩、開九秩，府君率子弟上壽，又於同僚中廣征詩文。稱觴之日，州人士之登堂者蓋十人而九，冠蓋填咽於道，彩幛錦帳溢於門楣，時論榮之。

己丑撤棘，中丞宴兩主試於獨秀峰，甫行酒，樂作，時五弟遵楷得鄉舉，電報適至，中丞、主試各捧觴賀曰：“上有老父，下有佳子弟，福壽康强，政事文學，萃於一門，兩省僚吏中，罕有其匹，此福信不易得也。”府君雖遜謝，意亦良慰。居思恩一年餘，聞先祖訃，乃徒跣馳歸。府君素强健，平生不服藥，至是以積毀，每舉哀輒喘，歲晚感寒疾，不數日遂卒。

府君不事生産，南寧、梧州釐務，實粤西餉源。粤西毗連粤南，李揚才之亂，法蘭西之難，王師聯翩出關，飛芻挽粟，羽檄交馳，皆挹注於此。而府君受事，循環轉運，算無遺策，不苛不濫，卒無失時，人始知其綜核才。然處膏脂不能自潤，宦粤西十年，卒之日，餘囊不及三百金也。

府君性和易，能鼓琴，尤善銅弦琴。喜劇談，賓客滿座，依依不少休，時雜以詼諧，文采葩流，枝葉横生，使聽者忘倦。客不至，則遣小胥四處邀約，無貴賤老少，必强之來。音吐清亮，隔屋若相酬接。

少時喜讀書，往往於半里外，猶能聞其聲。所著有《逸農隨筆》、《二筆》、《三筆》、《四筆》、《五筆》，其説因果、寓勸懲，體例如《閱微草堂》，論詩文，述掌故，則《容齋隨筆》之類。已刊行《退思書屋詩文稿》若干卷藏於家。

子五人：遵憲、遵謨、遵路、遵楷、君實。

梅水詩傳·黄鴻藻

張榕軒、張耀軒等辑

黄鴻藻，字雁賓，咸豐丙辰補行乙卯舉人，官户部主事，改官廣西署思恩府知府，著有《退思書屋詩草》。

遲　月

玉露侵衣冷，銀雲淡不收。蒼苔人獨立，風颸一庭秋。

車中漫興

非關王事也驅馳，旅客偏縈故里思。野草無心隨意緑，閒雲歸岫不知遲。鳥聲啼徹烟中樹，驢背吟成夢裏詩。酷暑侵人無計避，停車且讀道旁碑。

邯鄲盧生祠

足迹半天下，飄然歸故鄉。千秋同景仰，一夢説荒唐。古壁龍蛇走，勞生鹿豕忙。何當攜酒榼，相對酌瓊漿。

游祥雲寺

登臨來古寺，上界一聲鐘。路入山腰曲，雲垂谷口封。僧閒都是鶴，樹老半成龍。長嘯出門去，前溪又幾峰。

項　羽

勇冠三軍氣絶倫，英雄天遣滅强秦。重瞳莫下烏江淚，爾有名騅有美人。

吴城登望湖樓

日麗晴窗四扇開，望湖樓上客徘徊。接天帆影排空下，捲地江風撲面來。樹色依稀飛鳥外，山光澹蕩夕陽隈。小姑嫁得彭郎未，終古乾坤此酒杯。

過盧生祠觀睡佛戲書二絶句

繁華幻境總成空，一枕黄粱也自雄。我到邯鄲不成夢，由來得失付天公。

頃刻榮華亦有因，但生欣羨即生嗔。算來除却神仙外，塵世誰非夢裏人。

岳武穆

格天宰相甘臣虜，痛飲黄龍事已非。但有壯懷馳絶域，那知血淚灑征衣。遺民半壁空南望，二聖雙環未北歸。漫説冤沉千古恨，中原不復此心違。

種　竹

新種琅玕竹幾枝，碧欄杆外緑參差。不須更説能醫俗，只解虚心便可師。

月下作

故我即今我，他鄉非故鄉。故鄉人不見，見此明月光。遥遥望天末，萬里清光闊。鬱鬱此中情，道遠不能達。吁嗟遠人心，相對轉沉吟。夜深霜露下，不覺滿衣襟。

感　遇

鸒鳩決榆枋，鳳凰千仞翔。志趣有大小，人生難等量。古人居巖谷，此心在廟廊。不見渭濱叟，垂釣日徜徉。一朝風雲合，勛業著旂常。緬彼熱中人，出處時皇皇。空山爲捷徑，匿迹非韜光。蒼生徒屬望，在笥愧衣裳。覆餗自貽戚，何以慎行藏。

消夏雜咏

窄窄疏欞短短墻，棗花滿院覆回廊。烹茶讀畫渾無事，清簟疏簾午夢長。

蘆溝曉月

曉色朦朧驛路遥，桑乾百折水迢迢。無端馬上看明月，錯認楊州廿四橋。

七　夕

午夜風清玉漏停，九霄環珮轉瓏玲。黄姑天上無消息，一角銀河露小星。用船山句。

秋　思

月來華屋明，露冷枝頭濕。一雁度遥天，空階人獨立。

秋夜偶感

小院微聞桂子馨，清光宛轉逗疏櫺。露痕墜地秋無迹，樹影依人月滿庭。乍向琴邊添睡鴨，恰從簾底數流螢。侍兒領得閒中趣，笑指銀河織女星。

和李謙山同年秋日雜感

悲秋猶作客，客感不因秋。舊友隨雲散，疏星帶月流。還家頻有夢，聞笛怕登樓。愛子新吟好，拈毫秘思抽。

消寒絶句二首

擁　被

夜寒得句聳肩吟，料峭西風月影侵。擁被不因貪睡早，恐教辜負好香衾。

補　窗

欹斜梅影覆庭除，風透疏櫺月滿廬。寒氣不來花氣隔，教人窗下兩躊躇。

張船山先生有八冰詩冬日與同人戲咏分題得四首

冰　燈

水火能兼濟，冰燈焰吐紅。短檠光宛轉，一片玉玲瓏。冷月空江印，寒星薄霧籠。下帷相對處，熱念乍消融。

冰　花

殘冰凝若此，冷艷自清華。不藉雕鐫力，真成頃刻花。春光疑欲到，色相幻無涯。相對寒如許，梅梢月又斜。

冰　箸

寒聲喧屋瓦，殘雪乍消時。入座銀壺冷，排簷玉筯垂。凍疑珠錯落，倒挂碧琉璃。恰好黄齏熟，圍爐嚼滿匙。

冰　牀

容膝真堪坐，冰牀製自工。靜疑懸榻待，受恰野航同。高卧難安枕，飛行不借風。臣躬能履薄，一片玉壺中。

夜　雪

星月皆沉影，銀雲凍不行。打窗寒欲語，落地夜無聲。春冷梅花瘦，更深鶴夢驚。明朝灞橋上，泥印馬蹄輕。

偶檢殘書見菩提紗一葉是余丙辰年在羊城所得者屈指已逾十年書以誌感

浮生過眼等雲烟，一葉菩提感舊緣。賦質元蟬雙翼薄，驚心明月百回圓。却看諸佛拈花日，轉憶秋風折桂天。有句曾留光孝寺，輕紗誰爲護詩箋。

擬儲大祝田家雜興四首

墻頭布穀鳴，東臯闢草莽。荷鋤向田間，心喜黍苗長。父老時一來，笑談還鼓掌。相見無別言，但祝歲豐穰。衆人尚膏腴，我心殊浩蕩。取足供租税，何必田園廣。

門前種桑麻，屋後樹榆柳。一室絶塵紛，車馬聲何有。常念長子孫，僶俛娶佳婦。村婦樸無華，亦足備箕帚。力作不辭勞，晨興共南畝。日夕始歸來，深巷聞吠狗。

老農事田間，休道不如賈。忘彼耕耨勞，豈識風塵苦。柴門臨水開，茅屋槿籬補。比鄰日往來，雜坐無賓主。豈必肴核陳，園蔬愈修脯。饁婦日暮歸，稚子筵前舞。回憶胼胝時，揮汗日卓午。轉瞬新穀登，村村擊社鼓。

人生貴適志，何必榮紫綬。羡彼田中人，此境殊未有。白晝閉荆扉，虛室無人叩。雞豚識還家，禽雀集户牖。豐年穀已登，家家釀美酒。何物足辛盤，秋菘與春韭。偶然攜一壺，還覓南山叟。借問富貴人，此樂君知否。

古　鏡

手握菱花子細論，拂塵猶見舊時痕。照來好醜渾無迹，閱盡興亡總不言。休向此中分汝我，更從何處問羲軒。悲歡解共尋常事，金鑑千秋寶至尊。

山居秋夜爲友人作

松影參差覆翠微，幽人向夕閉荆扉。板橋霜冷客初渡，山徑月明僧未歸。何處疏鐘來隱約，前林遠火尚依稀。此中深趣知誰領，避世真成大古希。

蟬　聲

斜陽遠樹明，空庭寂何有。隔葉曳殘聲，鳴蟬在高柳。

秋夜歌

秋風起，秋思清，長江耿耿孤月明。客子悲秋不自覺，但逢秋至心怦怦。家園萬里飛不到，夢中歸去魂猶驚。鄉心渺無際，杯酒還獨傾。空階似水，萬籟無聲。把酒問天天不語，但見斗轉與參橫。人生及時須行樂，莫共憂愁空一生。

紀　夢

端居養天倪，守寂屏俗好。靜夜半瞢騰，夢魂作顛倒。萬里忽還家，入門同舞蹈。高堂喜我歸，妻孥走相告。聚首歡有餘，殷勤還慰勞。何意晨鐘鳴，喔喔雞聲報。夢覺在他方，中心殊悔懊。人生憂患中，倏忽百年到。回憶故山時，閒身恣嘯傲。悵望南雲飛，日夕深祈禱。

送友人旋里

日日長安道，鄉心對落暉。每因爲客久，深怯送人歸。冷畏寒蛩逼，愁隨旅雁飛。憑君寄消息，好語付荆扉。

西　施

美人何罪逐鴟夷，鳥盡弓藏事可悲。范蠡扁舟文種死，君王豈獨負蛾眉。

玉　環

莫向人間覓再生，馬嵬遺恨最難平。君王竟忍誅褒妲，已負當時七夕盟。

中興亦寵張良娣，賴有神仙李鄴侯。姚宋不亡楊李廢，傾城傾國也無憂。

虞　姬

百戰天亡事可知，低徊楚帳夜深時。美人能爲英雄死，畢竟虞姬勝戚姬。

卓文君

一曲求凰志不孤，憐才從古是名姝。茂陵不許黄金聘，曾憶臨邛未嫁無。

冬夜書懷

插脚入塵寰，紛紛各馳騖。長安帝王居，捷足爭先路。我性本愚頑，迂拙守吾素。豈不艷紛華，嘗恐失故步。忽忽四十年，駒光等虛度。生逢明聖君，勛名在建樹。而我獨皇皇，默念深自懼。讀書竟無成，一錯真難鑄。禄養待何時，未獲伸孺慕。有子竄弗跨，有弟感不遇。故鄉兵燹餘，朝夕資挹注。靜念生計艱，憂愁忽奔赴。習習涼風來，凛凛歲云暮。四壁寒蛩鳴，訴我心中苦。仕宦更憂貧，微榮安足顧。何如返故園，或爲農與圃。庭闈有真樂，莫被儒冠誤。耕鑿不辭勞，聖朝多雨露。

寒夜夢中得句云枕繞泉聲客夢涼訝其情景不類忽憶少時宿舅氏山莊窗間月影枕上泉聲清景宜人歷歷在目拈筆足成二十八字

窗含月影花枝瘦，枕繞泉聲客夢涼。一榻孤燈思舊事，廿年陳迹付山莊。

苦　吟

欲覓驚人句，不知精力殫。閉門吟未得，欹枕夜忘寒。搆思追逋急，删餘割愛難。每愁情景失，閒步倚闌干。

蔭南同年之官閩中作此贈别

昔人重内官，乃以登仙擬。今人重外官，已非昔人比。人情自今昔，内外無二理。張侯磊落姿，其才非百里。志在作儒臣，始願不及此。我識張侯心，行役嗟陟屺。微禄爲養親，風塵詎得已。不見古毛生，捧檄轉色喜。將父竟不遑，嗟我亦人子。

君自田間來，早識田間苦。八閩兵燹餘，瘡痍滿道路。譬彼病膏盲，何以起沉痼。世俗好更張，紛紛任喜怒。我聞林文忠，至今人思慕。治世不求奇，農桑爲本務。養士培其基，疾惡先去蠹。前賢信可師，相期循故步。勉矣君此行，勛名看建樹。

題韓江坐釣圖

釣名釣利也堪羞，洗耳從今欲枕流。我願漁竿向梅水，一溪蝴蝶一篷秋。潮州六篷船每張兩帆，如鳥振翼，俗呼蝴蝶篷，家香鐵待詔有《蝴蝶篷賦》。

九月二十夜偶書

不盡長安感，誰憐客子愁。官貧難養僕，舊僕辭去，不能無憾。身瘦易知秋。入世猶蓬梗，逢人任馬牛。壯心仍幾許，閒坐説封侯。

作家書

縮地苦無方，作書付雙鯉。沉吟意不窮，萬里心先駛。離愁久填胸，握管復欲止。數行雜整斜，片刻坐仍起。將發又開封，從頭一再視。尺書日下飛，飄然入蓬里。慈親念遠人，乍得心先喜。弟妹聞信來，傾聽頻側耳。妻孥聞信來，絮絮語老婢。羈旅情萬端，一一視此紙。我聞杜老言，家書萬金抵。緘開恍晤談，此妙誠難擬。骨肉恩愛重，團圞亦良美。胡爲輕別離，以彼而易此。鴻雁來何遲，江湖闊復爾。漫漫長夜間，兀兀孤燈裏。披衣拂素箋，瑣屑從何始。但嫌語簡略，不顧文辭鄙。目眩指復僵，四壁寒如水。擲筆擁衾眠，魂夢縈桑梓。

題　畫

絶壁挂飛泉，蒼烟滿徑濕。山虛寂無人，樹老禿而立。怪石自嶕嶢，松風晚來急。靜契此中禪，清光如可挹。

擬唐人小游仙詩

貝闕珠宮不解愁，偶披鶴氅恣閒游。玉莎瑶草緣溪緑，欲問榆花幾度秋。

初至楊州

無恙江山眼底來，笙歌面面隱樓臺。那知廿四橋邊月，照我平生第一回。

游南山詩

兩載邕南居，盡日勞塵鞅。名山偶臥游，林壑徒夢想。今日入貴陽，心寬地覺廣。側聞南山寺，表表出塵坱。出郭試閒游，風景殊疇曩。野水遠連天，芳塍繡錯壤。豁然石洞開，使我心目朗。樓閣半空嵌，天籟靜中響。小草不知名，幽禽呀清吭。鼓勇試先登，脚踏層雲上。幽谷窈以深，空庭更閒敞。或蹲如青獅，或立如馴象。或如孤鶴飛，或如游魚蕩。参差挂石間，畫圖空想像。造物巧安排，雕鎸不可放。别有一樓居，廣闊不盈丈。高僧寂未歸，徒侶成三兩。山僧爲我言，絶頂天高爽。雲氣覆其中，神靈時來往。我笑謝山僧，祇此愜心賞。不學昌黎狂，高山心景仰。我家有敝廬，雲深迷惝怳。自笑不如僧，烟霞足供養。日暮賦歸來，空江盪雙槳。

游浮山陳王祠

岳陽黄鶴都游遍，來踏陳王百尺樓。樹影暗遮三面水，艣聲輕剪半江秋。無人會説當年事，王，古之隱士，逸其名，相傳没而爲神，能爲邑人捍災禦患，自宋以來立祠宇，膺封號。有酒能澆萬古愁。生怕鳴鐘催日暮，乘風歸去月當頭。

游浮山紀之以詩陳馭雲别駕家笏山同年皆有和章再叠前韻

半晴天氣盪輕舟，古廟名山共一樓。自有英靈通肸蠁，竟無褒貶到春秋。王，隋唐間人，書籍中無載其事者。疏花野竹供詩料，選勝尋幽破客愁。樹外斜陽欄外水，登臨那得不回頭。

閒居雜咏並柬笏山同年時寓縣署西齋

春風淡蕩夕陽天，小住衙齋俗慮捐。窗外芭蕉簾外雨，教人竟夕不成眠。

淨几明窗伴我閒，當階小草不須删。詩情鎮日留何處，門外斜陽一角山。

插架琳瑯未足誇，訟庭花落日初斜。晚霞亦解供詩畫，笏山詩有“喚起晚霞調筆墨，累他侍立已多時”之句。詩婢何曾讓鄭家。

鶴有仙姿樹有松，見贈松鶴並書畫多幅。新詩一首酒千鐘。笏山工詩酒。鄭虔三絶詩書畫，此事如何得到儂。借用東坡句。

評《退思書屋詩草》

金武祥

宦游嶺右，雄於詩文者，以秦文伯觀察爲最。嘉應黄雁賓太守鴻藻與交最久，文伯嘗題其《退思書屋詩草》云："誰識玉龍金馬外，有人嚼雪咏梅花。"又云："宦海誰如我輩豪。"可想其詩清而興豪矣。雁賓先以孝廉官京曹，旋以太守官嶺右，今歲晤於梧州，見示《詩草》。《送張蔭南同年之官閩中》云："昔人重内官，乃以登仙擬。今人重外官，已非昔人比。人情自今昔，内外無二理。張侯磊落姿，其才非百里。志在作儒臣，始願不及此。我識張侯心，行役嗟陟屺。微禄爲養親，風塵詎得已。不見古毛生，捧檄轉色喜。將父竟不遑，嗟我亦人子。"《游祥雲寺》云："登臨來古寺，上界一聲鐘。路入山腰曲，雲垂谷口封。僧閒都似鶴，樹老半成龍。長嘯出門去，前溪又幾峰。"《山居秋夜》云："松影參差覆翠微，幽人向夕閉荆扉。板橋霜冷客初渡，山徑月明僧未歸。何處疏鐘來隱約，前林遠火尚依稀。此中深趣知誰領，避世真成太古希。"《春日雜興》云："滿庭春色爛雲霞，小立東風帽影斜。萬種閒情拋不得，倚欄看遍碧桃花。"《憶山莊》云："窗含月影花枝瘦，枕繞泉聲客夢涼。一榻孤燈思舊事，廿年陳迹付山莊。"

退思書屋咏古詩亦多，余愛其《邯鄲絶句》云："我到邯鄲不成夢，由來得失付天公。""算來除却神仙外，塵世誰非夢裏人。"皆妙。太守之子公度觀察遵憲，前以孝廉副使日本，成《日本雜事詩》一百五十四首，尤見家學云。